香港金融風雲40載

陳景祥主編 《信報》編輯部協作

香港金融風雲40載

陳景祥主編　《信報》編輯部協作

天窗出版
ENRICH PUBLISHING

信報
財經新聞

目錄

序言

五年前，我們為紀念《信報》創刊35年而寫成《香港金融風雲35載》一書，成書之年在2008，是年3月，中國政府宣布繼續採取從緊的貨幣政策，防止經濟過熱及壓抑通脹上升；然而，雷曼兄弟在當年9月15日倒閉觸發了一場世紀金融海嘯，席捲全球市場，美國多家金融巨企陷入嚴重財困，要由政府出手救援；中國政府也被迫改變策略，由防止過熱改為要刺激經濟。

這場金融海嘯的禍源，起於美國聯儲局從2000年起為了應對科網潮爆破，一直維持低利率政策，令市場熱錢充斥；從2004年到2007年間，投資銀行家利用高風險的房地產抵押貸款（MBS）證券化，然後出售給渴求「高息」產品的投資者，從而獲取豐厚佣金，而評級機構大多給予這些產品高評級（表示「穩健」），令投資者誤以為自己購買的是安全的資產。

投資銀行再進一步把房地產抵押貸款支持的證券「再證券化」，創造出債務抵押證券（CDO），同時又通過使用信用違約掉期或指數交易來對沖風險；這些後來被媒體稱為「有毒」的金融產品除了結構複雜，且環環相扣，一家發行商如雷曼倒下，它的交易對手也隨即受到牽連，最終令危機一發不可收拾。

2008金融海嘯跟過去西方資本主義金融危機有所不同，它不光是經濟盛衰循環過程出現的低潮期，而是金融業利用超高的槓桿比率，製造出無數僅具「虛擬價值」的金融產品；與此同時，投資銀行繞過監管機構，令大量「有毒」金融產品在市場內流通，並向普羅投資者推銷，結果金融海嘯一到，銀行、保險公司及持有這些「毒債」的機構和企業紛紛受到牽連。

經此一役，金融界、學術界不斷有呼聲要求反思自上世紀八十年代初開啟的金融業「解除管制」和鼓勵金融創新，是否造就了貪婪和不受節制的歪風，造成不可收拾的局面，最後卻要由政府以公帑出手施援。08金融海嘯揭示了資本主義的「深層次矛盾」，其後遺症至今尚未痊癒，各國央行仍需以量寬(QE)政策、「大印銀紙」去挽救經濟。

08金融海嘯的發源地在美國，華爾街金融圈正是金融創新、大量「有毒」金融產品的「原產地」，很多人認為，美國縱容金融業貪婪掠奪、監管不嚴，為世界製造危機，美國資本主義已到了不能自拔的困境，而經此役重創，美元也失去了領導地位，令外國無法再有信心，「美元末日」的說法一度甚囂塵上。

就在這種背景之下，過去五年有兩件事對香港有重要影響：

一、隨着美元地位受挑戰，加上量寬政策令美元長期走軟，港元是否仍然要跟美元掛鈎，再次成為本地議論焦點，而最令港人震驚一幕，就是過去一直以捍衛聯滙為己任的金融管理局前總裁任志剛在2012年6月12日發表文章，認為香港應檢討聯滙制度；任志剛在出席中文大學的一個研討會上，對為何「打倒昨日之我」有詳細解釋，他的演講內容已收入本書第九章內；

二、隨着美國和歐盟因08金融海嘯而受創，國際上呼籲中國要承擔更大國際義務的呼聲日高，中國政府正利用改革開放三十多年來積累的財富，換取在國際舞台上的發言權，包括在IMF內發揮更有影響力的角色；與此同時，以美元為首的國際貨幣體系成為了金融市場不穩定和世界經濟不平衡的源頭，為了擺脫對美元過分依賴，中國決定加快人民幣走向國際化，擴大在國際金融市場的影響力和話語權。在這個過程中，香港發揮了過去十多年經營人民幣業務、發行人民幣債券、發行主權債券和人民幣貿易結算等的經驗，進一步發展成為國家的人民幣離岸中心。

本書新版取名《香港金融風雲40載》，在上一版《香港金融風雲35載》中加入一章，主要記述2008至2012年間發生的金融大事，包括08金融海嘯、人民幣加快走向國際化，以及香港重燃「應否解除聯繫滙率」的辯論。雷曼風暴觸發香港發生雷曼迷債事件，一批買入雷曼「毒債」的苦主上街示威；立法會成立專責小組調查，本書訪問了當年小組的主席何鍾泰先生，講述有關調查報告的風風雨雨。

至於上一版《香港金融風雲35載》，我們訪問的人物共12位，他們都是對香港金融界有不同貢獻和觀察的關鍵人物，包括中央政策組前首席顧問顧汝德（Leo Goodstadt）；有「紅籌之父」之稱的投資銀行家梁伯韜；曾任聯交所行政總裁的投資銀行家袁天凡；金管局前總裁任志剛；被稱為「聯滙之父」、景順集團首席經濟師祈連活（John Greenwood）；兩位港交所前主席李業廣和鄭維健；港交所前行政總裁周文耀；金銀業貿易場創辦人胡漢輝兒子、前立法會金融服務界議員胡經昌；資深股票經紀、前立法會金融服務界議員詹培忠；香港第一代股票經紀張天生，以及香港金融史學家鄭寶鴻。

上述各風雲人物在訪問中憶述當年金融大事的來龍去脈，為本書提供了重要的第一手資料，除了溫故知新，也可以令讀者對一些關鍵問題有更深刻的了解。

踏入90年代，在港交所的穿針引線下，中國企業陸續來香港上市，為香港股市揭開了新一頁、躋身成為國際級的證券市場；進入二千年，人民幣離岸中心地位將進一步令香港的實力提升，令香港穩居國際金融中心的領導位置；未來五年、十年的香港「金融風雲」，相信離不開人民幣崛起的過程和影響，而香港的金融中心地位，也將會跟中國的興盛息息相關。

《信報》副社長　陳景祥
2013年5月

任志剛（金融管理局前總裁）：
「香港過去20年不是太差，當然每一個制度不可能十全十美，每一個制度都有它的代價。不實行聯繫滙率的代價是會帶來滙率波動。」

李業廣（港交所前主席）：

「第一家國企來港，是在1992年初開始談的。我當時建議來香港上市的企業一定要符合國際標準，當時有不同聲音，是一步到位？還是分成兩個階段？如果分兩個階段，那你一出世就是二等公民，所以我們一開始就完全按照國際標準。」

周文耀（港交所前行政總裁）：

「數年前，大型公司要來香港，一定要同步在香港、倫敦，或香港、紐約上市，但現在已打破了這種看法，無論是IPO集資有多大，只須在香港就可以完成。」

祈連活（John Greenwood，「聯滙之父」、
景順集團首席經濟師）：
「唯一可見放棄聯滙制度的情況，依我看，一是有一天香港對
外倚靠美元變得極不合適；二是假如政府確信由內部支撐，
對香港未來的貨幣穩定是最佳選擇。」

胡經昌（前立法會金融服務界議員）：
「過去幾屆證監會行政總裁來自五湖四海，把自己國家最嚴厲的條文加進本港的證券法中，出現不同國家的要求無法互相配合的情況，亦是『證券大法』當時要理順的一些環節。」

袁天凡（聯交所前行政總裁）：
「如果你說世界金融中心，我覺得有兩個，它們現在是，將來也是，一個是倫敦，一個就是香港。」

梁伯韜（投資銀行家）：
「紅籌其實是成功的，無論是國營還是民營企業，很多都想用紅籌上市，這種形式是經得起時間考驗的……不管怎樣，中國都會發展國內的市場，但是在發展國內市場之餘，也會照顧香港。」

詹培忠（前立法會金融服務界議員）：

「李福兆先生的事件，可能他自己也不想再提及。歷史作為見證，公道自在人心。我們可以看到，假若當時李福兆先生經得起壓力，跟另外『七君子』一樣，不承認控罪，不就無罪嗎？」

鄭維健（港交所前主席）：
「香港佔盡先機，因為香港背靠中國內地，而內地城市又因
種種問題，最少十年內都不可能取代香港發展成世界金融
中心。」

顧汝德（Leo Goodstadt，中央政策組
前首席顧問）：

「滙豐在香港的政壇有重大影響力，而且它利用金融實力支持
英資公司抵禦華資的挑戰，但到最後，滙豐還是決定支持商
業上的贏家，不管他是英人還是華人。」

股市起飛 《信報》面世

第一章

1973-1978

引言

1973 年是風雨飄搖的一年，這年年初，香港股市還沸沸揚揚、熱熱鬧鬧，恒生指數承接過去兩年的強勁升勢，一浪高於一浪，全城股民繼續追風逐浪，如癡如醉。3 月 9 日只是一個平平凡凡的交易日，既沒有驚天動地的好消息，也沒有明顯的大戶資金流入，恒生指數卻無緣無故衝上 1774.93 點的歷史高位；一眾股民歡天喜地，殊不知股市已暗藏殺機。

正如《華爾街日報》面世是源於美國自 19 世紀開始出現大批投資者，香港工業在 60 年代蓬勃發展，出口壯旺，也帶動了金融業的冒起。1969 年 11 月 24 日，恒生銀行推出代表香港股市的恒生指數，標誌着本地股市漸趨成熟。到了 1972 年，港股全年成交高達 433.97 億元，是 1971 年的三倍，投入股市的資金大幅增加。

在這個風雲幻變的背景下，《信報》於 1973 年 7 月 3 日創刊。

創報宗旨 促進經濟

在《信報》面世之前，市場十分缺乏高質素的中文財經資訊，以致香港投資者應有的知情權備受剝奪。沒料到《信報》還來不及推出市面，股災已一觸即發，直接衝擊普羅股民。伴隨跌市而來的社會百態與股民的眾生相，正好充分暴露本地投資者水平的不足。

1973 年 7 月 3 日《信報》頭版。

上世紀70年代的報紙攤。《信報》、《英文虎報》、《南華早報》、《星島日報》、《文匯報》、《明報周刊》等報刊，一直存在至今。

《信報》創報當日的《政經短評》，就以《這是一個開端》為題，開宗明義指出「買賣股票對於社會和個人，都是積極的和有意義的」；又列出古今中外幾位文豪學者的事，引起讀者對金錢的興趣：

「孟子見梁惠王，王曰：『叟，不遠千里而來，亦將有以利吾國乎？』孟子對曰：『王，何必曰利，亦有仁義而已矣！』

「孟子的主張，使千百年來的中國知識分子（讀書人），存着了『薄利』的觀念。這種觀念，在閉關的農業社會中，當然無可厚非，但在這個典型的資本主義社會裏，『曰利』似乎是不該受鄙視的。英國文豪蕭伯納曾說，一個不喜歡金錢的人，同時不會成為一個好市民。試想想，如果大家談錢色變，見錢心驚，社會還會進步嗎？

「近代偉大的經濟學大師凱恩斯（J.M.Keynes）更是投資

能手，他每天早上花半小時從事股票買賣（從劍橋打電話給倫敦的經紀），使這位終生致力於學術研究的經濟學家，積聚了50萬鎊的財富；他在劍橋教書時，兼任英皇書院的司庫，結果該書院的投資基金由3萬鎊變成38萬鎊，使該書院現在能有更多的錢，資助貧苦學生和從事各種科學研究……」

昔日的交易所仍以人手把上市公司的報價寫在黑板上。

雖然籌備《信報》期間遇上股災，但社長林行止並沒有因市況差而推遲辦報計劃。專欄作者鍾耀祖在《信報》創刊當天撰文透露：「在大淡市中出版的意義是，《信報》期望對本港股市作出真正的貢獻。在旺市時，所有的消息都被認為是利好的或沒妨礙的（此指壞消息而言），一個經濟新聞工作者僅僅加多一點渲染，便可能使市勢或某股造價更覺熾烈，這不算是對讀者作真正的貢獻。在淡市時，提供股市未來趨勢選擇股票的資料給讀者，並使讀者在悲觀中重燃未來美好希望之火，才算是對讀者作出真正的貢獻。」

此外，林行止亦不忘在其首篇《政經短評》陳明《信報》的辦報宗旨：「本報的宗旨，不僅在報道一切與金錢有關的

1968年及1973年上市公司資本來源比較

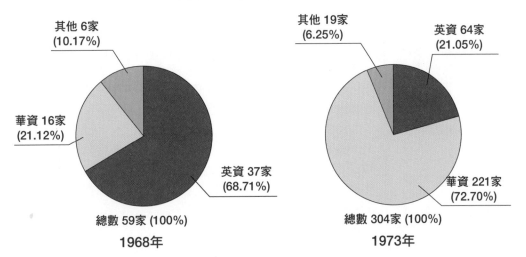

其他 6家
(10.17%)

華資 16家
(21.12%)

英資 37家
(68.71%)

總數 59家 (100%)

1968年

其他 19家
(6.25%)

英資 64家
(21.05%)

華資 221家
(72.70%)

總數 304家 (100%)

1973年

消息和評論，更重要的，是希望我們的讀者能在獲得財富之後，多做點促進經濟繁榮社會進步的事。」

這是創立《信報》的緣起，自此，《信報》開始見證香港的經濟和金融發展狀況。

談及70年代的股市騰飛，不得不提當年叱咤風雲的李福兆。李福兆於1969年創立本港第二家股票交易所遠東會，打破股票市場由外國人當道的局面。踏入70年代，香港股市呈現一片新氣象，上市公司不再是英資財團的天下，炒股套利也不再是社會權貴的專利，香港股市逐漸蛻變成一個歡迎各行各業普羅大眾參與的遊樂園。

公司規模達到2,000萬元資本額的，不論是食肆茶樓，又或是百貨旅遊，都可以像滙豐怡和這些老牌大行一樣上市集資；大小市民只要手上有點積蓄的，亦可以像腰纏萬貫的富商巨賈一樣炒賣股票。

在上市門檻降低的情況下，上市公司的數目如雨後春筍般迅速飆升。1968年還是香港會一會獨大的年代，全港只有59家上市公司，接近70%（37家）屬英資，不足30%（16家）屬華資；若以該年企業的法定資本額計算，英資更佔72.2%，華資則只佔15.2%。

到1972年，當香港第三、四家交易所金銀會和九龍會也相繼成立後，單是那年，新上市的企業就有93家，當中更絕大部分是華資企業，集資額約為19.3億元，無論是上市公司數目或是集資額，都打破了香港開埠以來的紀錄。

李福兆當初創立遠東會，或多或少因為他自己被香港會拒諸門外。李福兆出身世家，是香港赫赫有名的富商李冠春的幼子，父親早年曾聯同簡東浦、馮平山和周壽臣等商人開設東亞銀行。背景優越如他，尚且向香港會購買經紀牌不得要領，可想而知，當年香港股票市場是何等封閉。

張天生被譽為第一代出市員，笑看股壇風雲數十年。

第一代出市員──張天生

有「股壇教父」之稱的張天生，現任DBS唯高達證券董事，是香港第一代股票經紀。他於1958年底加入香港會，過去50年見證了香港股票市場的起伏變遷。

張天生在香港會工作十年之後，1969年，馮景禧成立有「股壇少林寺」之稱的新鴻基證券，他轉職到新鴻基當「開荒牛」，負責遠東會的市場工作。1971年金銀會開業，胡漢輝邀請他到交易所教導會員如何上市和買賣股票。當時，張天生已被稱為「師傅」，金銀會的百多個會員都是他的門生。張天生在新鴻基證券一直工作到1996年，始再轉職到唯高達任董事至今。

張天生接受本書訪問時提到，香港會的經紀個個文質彬彬，出市時都結領帶、拿袋巾；洋人經紀更乘的士上班，有十足十的紳士風度。由於當年玩股票的「老細」非富則貴，經紀的生活十分悠閒。

猶記得交易場後面有個酒吧，即使在交易時段，經紀也常常結伴到酒吧喝酒、聊天甚至小睡，「老細」打來落單根本聽不到，於是人人在案頭安裝一盞小燈，經紀望見自己案頭的小燈亮起，便知道「老細」來電，那時才施施然埋位工作。

在四會時代以前，全香港只有寥寥60個持牌經紀，而且經紀牌多以「世襲」方式傳承，街外人要取得香港會的經紀牌絕不容易，除了有人引薦，還必須付上50萬元現金，並在滙豐銀行設立戶口進行交易。在那個年頭，50萬元稱得上是天文數字，在滙豐銀行開戶也並不簡單，因此持牌經紀都被視為天之驕子。

事實上，當年交易所每天有400多萬元成交已十分理想，這個數額在今天看來只相等於一張「小」單；至1969年初，曾經有一天全日成交高達2,000萬元，結果導致交易所不得不停市半天處理，經紀要一直工作到凌晨二時，才把交易全部平倉，遠東會就是在這個情況下應運而生。

李福兆自立門戶之後，積極招攬與他一樣不為香港會接受的同道中人，開放投資門徑，引入中文作為投資語言，甚至吸納女性經紀，誓要與香港會一爭長短。

遠東會把每個經紀牌費定在8萬元，大大低於香港會的50萬元，開業初期共招攬了46名經紀，使香港的持牌股票經紀數目一下子增加至過百人；創會第二年，李福兆再發63個新牌，把經紀的規模擴充逾倍。此後，金銀會與九龍會相繼成立，經紀的數目亦迅速膨脹，至1973年，全港經紀已超過1,000人。

經過李福兆多番努力，香港股票市場果真興旺蓬勃，上至達官紳士，下至一介草民，無不捲入熱火朝天的股市旋風，茶餘飯後的熱門話題總離不開股票升、股票跌。由於資金流入、交投活躍，單是1972年，全年成交總額就達到逾430億元，相當於1971年的三倍，其中升幅超過一至三倍的股票也為數不少；到這年年底，香港上市公司的數目已急增至195家。

1968至73年持牌股票經紀數目

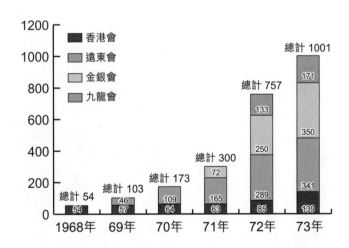

天線事件　股市狂潮

時至今日，香港股票市場已發展成全球第三大國際金融中心；投資者買賣股票，在彈指間就能「點石成金」。對於新一代的股民來説，昔日的特權階級俱樂部自是難以想像；更難想像的，相信是昔日股票買賣的成交方式。

曾幾何時，股票買賣的運作方式，是出市員接到客戶的買入指令後，以碰觸股票報價板成交。在市道暢旺時，往往有眾多經紀爭奪同一個報價的股票，當年交易的規則是誰先碰觸到報價板，便由誰奪得該批掛牌的股票，因此不時出現在報價板前爭先恐後的情況。

談掌故千奇百怪

即使李福兆後來打破慣例，接受女經紀出市，由於股票交易規則仍然十分原始，加上當年的社會風氣仍然甚為保守，儘管女性可以和男性一樣在交易所代客買賣股票，女性經紀還是難免吃虧。

據知，當年有一名喜歡戴假髮的女出市員，經常被扯假髮而分心，未能第一時間碰觸報價板，而與她爭逐的男經紀卻得以早著先機。結果，在30多年前，女性即使順利購得經紀牌，也不過為「掛名」經紀，靜靜坐在一旁觀看男同行如何鬥個你死我活。

70年代的香港社會殖民地色彩濃厚，不單止英資財團唯我獨尊，英語也是官場和上流社會普遍採用的語言。雖然香港絕大部分人口是操粵語的廣東人，但英語佔有的主導地位，卻使不懂英語者休想登大雅之堂，官場如是，交易所也如是。當年的香港會，也是一個只接受說英語的洋人，以及少數作風已十分西化的華人的小圈子。

遠東會成立後，交易所首現女出市員。

本港掌故專家鄭寶鴻難忘70年代「香港天線」上市時的瘋狂情況。

魚翅撈飯

在70年代的股市狂潮，抽新股令普羅大眾趨之若鶩，以致衍生出一種代為填表的兼職工作。

本港掌故專家鄭寶鴻接受本書訪問時憶述，1972年很多新股排隊上市，當時的股票第一天掛牌，股價即暴升成倍，市民為了提高「中獎」機會，不惜僱用人手大量填寫認購表；偶一抽中，即在高級銀行或商會食堂設宴，慰勞一眾填表「功臣」。

他娓娓道來，70年代一般文員的月薪只有三四百元，即使當銀行經理，收入也不過四五百元，而在廣安銀行食堂設宴，一般要1,500元一席。可是，由於抽中新股的幸運兒每能獲利上萬元，因此「填表手」亦從中受惠，得享「三日一小宴、五日一大宴」的富貴。

原來，在「魚翅撈飯」的歲月，所謂的「魚翅撈飯」，不過是普通酒樓售三元一碗的「碗仔翅」。他說當年即使是「蟹黃翅」，也稱不上入流，只有足料24兩的「大裙翅」才不失禮。侍應上菜，須將整碟的淨魚翅擺在桌上，讓食客以飯碗盛翅再淋湯，席間更有人打趣批評魚翅不及筷子粗。

李福兆的另一創舉，是在香港的金融界推動廣泛發表中文資訊，讓一眾投資者享有他們應有的知情權。事實上，在香港會一會獨大的年代，上市公司一律只須發表英文年報，而這些英文年報普羅大眾都看不懂。遠東會創會初期，香港投資者的數目開始呈幾何級數上升，可是由於中文資訊缺乏，股民只可以道聽途說，一窩蜂盲目入市，結果鬧出許多現在看來完全匪夷所思的國際笑話，其中最經典、至今仍令人印象難忘的，莫過於「香港天線」事件。

瘋狂買「天線」

1972年香港股市熱火朝天之際，有一家名為香港天線的企業申請上市，聲稱發明了一種可供家庭使用的電視訊號接收器。70年代初電視機還是新興事物，家家戶戶都渴望家裏有一部；聽到有公司發明了天線，自然有所憧憬，因此爭相搶購該公司的股票，卻沒有人意識到有必要先了解企業的營運方式和財政狀況。

本港掌故專家鄭寶鴻見證了香港天線上市的「盛況」，他說，當年香港天線公開招股，單是一張認購申請表就索價20元；就像1997年北京控股招股時，公眾的認購表格以一個一個大垃圾袋盛載一樣，天線的認購申請表亦是一籮一籮的。由於當時認購新股不限次數，加上毋須即時在銀行戶口扣款，遞交上千張申請表格者大不乏人。

70年代，股票經紀須大聲叫價買賣。

香港天線的股價由上市時的1元，於短短幾天內迅速暴升至最高的三四十元。後來市民發現，只要居住在發射塔附近，胡亂在大廈天台豎起一根普通鐵線，也能接收訊號，收看粗略的電視影像；所謂「發明」，不過是欺騙無知婦孺的大謊話。結果，香港天線很快就賣殼蒸發，很多投資者因而蒙受損失，事件後來遭謔稱為「香港藕線」。

此時投資者仍然意猶未盡，繼續沉醉在炒股發達的神話中，夢想迅速在股海中撈到第一桶金。加上70年代初期，過海隧道通車、恒生銀行上市、置地收購牛奶公司等利好市場的消息接踵公布，如火上加油一樣把股民的情緒推向高峰，一眾炒股炒得頭腦發熱的股民甚至不務正業，只管擠在交易所看金魚缸。看着股市只升不跌，而且愈升愈有，政府官員和商界領袖無不感到擔憂，並多番發出「股市可升可跌」的忠告，可是投資者都如着了魔，任何忠告都只當作耳邊風。

1968至73年香港上市公司數目

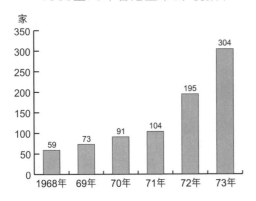

家					
1968年	69年	70年	71年	72年	73年
59	73	91	104	195	304

1969至72年全年成交額

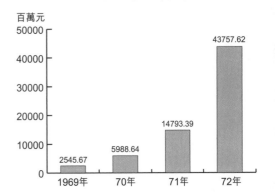

百萬元			
1969年	70年	71年	72年
2545.67	5988.64	14793.39	43757.62

好言相勸不果，又苦無適當條例遏止炒風，惟有千方百計阻止股民樂極生悲。1973年初，政府一方面火速成立「證券諮詢委員會」，委任簡悅慶為主席、施偉賢為證券監理專員，加強對股票市場的監察；另一方面透過銀監處發出通告，要求銀行停止無限貸款給股民入市。

政府怪招降溫

正是「遠水不能救近火」，而冷卻股市高熱卻是當務之急，政府竟出動消防處長，以「防止火警」為由，勒令交易所「疏散人群」；又派消防事務處的高級官員親到香港會和金銀會視察情況，以及派員駐守遠東會的大門。以上行徑，都反映出當時的證券法例遠遠落後於市場發展，政府在無計可施下，只能以十分笨拙的方法處理問題。

接續下來，政府繼續推出各種「強化」措施，以期進一步為股市降溫。除了下令消防事務處按照慣例通知四家交易所嚴限「參觀人數」外，亦通過證監會游說四家交易所逢星期一、三、五下午停止股票交易。然而，種種措施只能收到短期效果；適逢1973年是中國曆法中的牛年，一到農曆新年，股民便一廂情願地迷信牛年股市必然是大牛市，因此香港股市又故態復萌，重新走進一「升」不可收拾的境地。

根據紀錄，1969至1972的短短四年間，恒生指數由112.53點上升至高峰期的843.4點，成交量更大幅飆升逾16倍，是香港股票市場發展得最為急速的時期。這時，炒股已深入家庭主婦以至家庭傭工。白領上班心不在焉，一聽到消息便打電話「入貨」「出貨」；為人師表者，上課期間也念念不忘股價起落，無心教學。

面對炒風，政府欲禁無從，惟有先從「整頓」公務員着手。布政司於1973年年初對政府官員實施禁令，禁止公務員在辦公時間炒股票。禁令內容有二：其一是禁止使用辦公

室電話買賣股票；其二是禁止於辦公時間內擅自到股票市場與經紀行買賣股票。

新春過後，股市一如所料地大開紅盤，指數、股價繼續迭創新高，新一輪利好消息紛至沓來，包括滙豐銀行大股拆細股並送紅股、政府宣布興建地下鐵路，股民很快就重投股市，對於即將來臨的大跌市毫無警覺性。

在1973年3月9日恒生指數升上1,774.96點歷史高位之際，相信股民做夢也沒想過，一場比1929年華爾街股災更嚴重的跌市已經悄然迫近。

當上市公司的實際盈利遠追不上股價的上升速度，股市高處不勝寒而出現大幅崩瀉，只是遲早的事。這場跌市，由1973年3月12日一直延伸至翌年年底，恒生指數由1,774.96的高位一路下滑至150.11點，不足兩年跌去逾90%，是香港股市有史以來幅度最大的一次跌市，更創了世界股市最大跌幅的紀錄。

這場股災的始作俑者，可以說是銀行突然收緊對經紀的借貸，以致股市淡友乘勢套利；但相信更為貼近現實的導火線，應是市場出現三張合和假股票而引發的骨牌式拋售潮。

股票經紀用望遠鏡捕捉不同上市公司的報價。

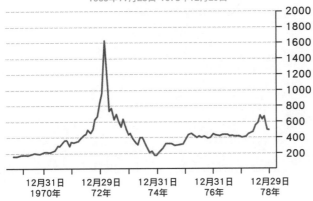

恒生指指數月線圖
1969年11月28日-1978年12月29日

假股票觸發跌市

就在恒指創出歷史新高的下一個交易日，港股早上仍然氣勢如虹；可是，一到午後，當市場傳出三張合和股票被發現偽造，一眾股民即烏雲蓋頂，感到前所未有的恐慌，擔心所持的股票也是假的，在謠言滿天飛下更形瘋狂，於是爭相拋售手上的股票。這天，恒生指數收報 1,604.25 點，單日就跌去近 10%。

幾張疑似假股票，足以令恒指應聲決堤，所反映的，正是香港股市結構的脆弱。如果股市透明度夠高，假股票事件肇事公司或交易所必然會作出快速反應，股民也很快就真相大白；如果股民已身歷百戰，做足風險管理，相信也不會一有風吹草動，就如斯誠惶誠恐。

長達四年的大牛市，就在出現假股票當天急速逆轉，其後跌市一發不可收拾，恒生指數一瀉千里，在短短一個月間已跌穿1000點的心理關口，30日內跌去逾800點，市值蒸發接近50%。

合和實業招股期間，大批股民排隊索取認購申請表。

1973年7月3日《信報》創刊，當天市況尚算平靜。不過，作為一份財經報紙，面對多個月來的大跌市，也得先對此作一個總結。所以，是日《信報》頭版以《三個月指數跌千餘點股票市值跌去2,000億》為題，作出以下分析報道：

「1973年3月9日，恒生指數創下直至目前為止的高紀錄1774.93點時，本港上市公司股票總市值達382,926,400,175元。

「根據人口統計處的估計，今年本港總人口為4,185,800人。以此人數平均攤配，在3月9日時，本港居民每人平均可攤分值91,482元股票。

「自3月9日以後，股市大瀉，至去周五收市，指數已跌至623.19點，較最高峰時跌去了1,100多點，上市公司股票總值僅為168,808,992,167元；自3月9日，跌去了2,000多億！以去周五的市價計，本港居民平均可攤分值40,328元股票，較指數1775.93點時，減少了51,000多元。值得注意的是3月9日後上市的新股票共48種，6月29日之總市值約30億元。」

1973年8月，市場又出現連串不利股市的消息，包括立法局通過收緊開設交易所法案，市場陸續發現新一批假股票，以及銀行提高利息等。當中尤以其他公司的假股票問題，最令投資者困擾。繼合和不幸捲入其中後，市場還陸續發現新一批怡和及和記的假股票。

到8月9日，警方終於大舉行動，首先在銅鑼灣破獲香港有史以來首個偽造股票集團，搜出用以製造假股票的柯式印刷機及鋅模等設備，並拘捕二人；同日，又在渣華道一單位內搜出二百餘張怡和的假股票，按當時的市值計，約值300萬元。

「香港股市真正蓬勃活躍的日子甚短，但在此期內上市的公司卻數以百計，許多公司變為『公眾公司』之後，其對公眾所應承擔的責任並未恰如其分地確立，其經營方式仍與未上市前的『家族式』無異。我們希望通過『保利事件』，所有在72至73年的上市狂潮中上市的公司，都能檢討本身的業務，看看公司上市後，在經營、管理等方面是否有相應適度的調整；由於上市公司須對廣大投資者負責，因此健全的財務制度最為重要。」

8月21日，交易所宣布停止怡和股票買賣48小時，以便警方查證相關交易。雖然當局已搗破偽造股票集團，可是事件還餘波未了，9月18及19日仍陸續出現利興、美漢和東方海外等公司的假股票，令投資者的信心受到嚴重打擊。

是年年底，恒生指數以433.7點收市；與3月9日的高峰比較，在短短十個月間，足足下降了75%，跌幅極之驚人。

闖不過石油危機

在港股結構已脆弱得不堪一擊之際，1974年，外圍又爆發石油危機，使世界經濟以至香港股市陷入前所未見的困境。油價飛漲嚴重侵蝕香港各行各業，市面一片蕭條，企業盈利乏善足陳，最終導致股市一蹶不振。12月10日，恒生指數收報150.11，創六年以來新低。

在股市一再創出新低期間，新一輪企業泡沫爆破潮逐一曝光。其中，最為轟動整個香港社會的，是當時承接九成八政府建築項目的保利工程。1974年8月22日，該公司被勒令停牌，其後揭發部分董事挪用公款炒賣股票，以致損失慘重，終使公司周轉不靈，陷入嚴重財困。

而在保利事件發生不久後的8月28日，恒生指數就跌至262.64點的低點，翌日《信報》頭版形容香港股市自高位的跌幅，已達85.3%，創出世界紀錄。事實上，《信報》投資分析部主管曹仁超早於8月24日就在其專欄《投資者日記》指出，「香港真是一個創紀錄的社會，去年股市狂升，破了世界紀錄；今年香港似乎又有一個世界之最了，這便是世界股市最大跌幅的紀錄。」

11月12日，緊接保利爆出醜聞後，當年財政司夏鼎基勒令高昇地產和亞洲置地立即停牌，肇因是兩家公司的財政和經營狀況已千瘡百孔，董事局亦數度「大換血」而人面全非，投資者在追究責任時往往無從入手。高昇地產於

股票經紀向客戶「現場直擊」股價走勢。

1973年2月股市狂潮期間招股集資，政府的調查報告顯示其上市時過分誇大資產估值，與當時市價相距甚遠，因而懷疑當中存在舞弊情況。

亞洲置業的問題更加複雜，上市時的名稱是壽德隆地產，其後數度轉手，直至轉售給利獲家集團後始易名為亞洲置業。這家公司於1974年初公布的財政狀況本無問題，1973年的財政年度依然錄得數以百萬元計的盈利，更主動發放股息和派紅股。沒料到當該公司遭徹查的事件曝光，投資者才恍然大悟，原來所謂的管理層，早已與公司劃清界線。

1974年，恒生指數以171.11點收市，比年初再跌去60%；香港三百多種上市股票中，有成交的僅70種，其中交易較多的更只得十五、六種。置地、九倉、香港電話等大藍籌，均已跌破票面值。

修法例元氣漸復

自1969年以來，股票市場突然開放，投資氣氛急升驟降，少數投資者興風作浪，都充分暴露出原有的證券監管

汰弱留強屬健康

這段股市低迷時期，企業排隊倒閉清盤，可謂與曾幾何時企業排隊上市集資一樣壯觀；而上市公司結業，最終損失的始終是一眾盲目投資的股民。不過，林行止卻視企業汰弱留強為健康現象，他在11月14日的《政經短評》指出：

「由於過去大家過分興奮、狂熱，加上股市組織不夠全面、審核新股不嚴格，上市公司良莠不齊，是不可避免的；經過長期淡市之後，相信不少公司會逐步露出原形，這些公司注定要受淘汰，這是股市走上健康坦途所必經之路。」

制度已嚴重滯後；若不及早急起直追，作出適當修訂，香港的股票市場將受到更大的衝擊。

因此，政府在73股災發生後開始積極改革市場，不少當時確立的股市規則都沿用至今，其中對往後30年香港股市發展極為重要的《證券法例》和《保障投資者條例》，就是立法局於1974年2月13日三讀通過的。政府期望《證券法例》能收撥亂反正、恢復市場秩序之效。

《證券法例》由13部分組成，並分為150個分節，全面涵蓋證券買賣手續、交易所角色、證監會權責、證券從業員操守、上市公司業務滙報、賬目審計以及紀律處分等各個構成香港股票市場的重要環節，具體而有系統地陳述各項規章守則，堵塞制度的漏洞，以保障投資者的利益。

《證券法例》通過後，同年4月20日，香港證券登記總會成立，並着手籌備登記證券商、投資顧問及代表等事宜。香港證券交易所聯合會則在7月18日成立，賠償基金也在8月19日正式運作。到了10月1日，證監處陸續開始為證券商、投資顧問及代表辦理登記手續。

華資企業紛紛上市

事實上，雖然股市開放初期審批制度寬鬆，以致小部分經營手法備受爭議的公司，依然獲准上市集資；但當時大部分上市公司還是循規蹈矩、經營有法的，例如滙豐銀行、恒生銀行、東亞銀行、怡和公司、太古洋行等，雖然股價跟隨市況急速下滑，但這些公司在1973至76年間，每年均錄得可觀的純利增長；而這段時期上市的華資企業如長江實業、新世界發展、新鴻基地產、恒隆地產、合和實業、鷹君集團等，不單屹立至今，更已發展成香港經濟的中流砥柱。

1975年，世界經濟見底回升，飽受暴風雨蹂躪的香港股

70 年代的香港，經濟正在起飛。

市終於否極泰來，止跌靠穩。不過，股災造成的破壞還歷歷在目，過往抱着投機心態盲目入市的股民都已受到深刻教訓而痛定思痛，變得審慎理智；隨着香港股市邁向制度化、規範化，其後上市公司的審批和監管亦逐步與國際接軌，股災前全城瘋狂炒股的醜態再不復見，香港股票市場也整裝待發，重新走上正軌。

長達近兩年的股災使恒指跌去逾90%，金融市場元氣大傷，市民對投資股票仍然猶有餘悸，香港股市除了1975年初喘定後出現較明顯的升勢、由上一年的171.11點上揚至年底的350點收市外，往後兩年只是窄幅橫行，指數在350點至450點之間徘徊，成交偏向淡靜。1977年全年的成交量就只有60.27億元，僅相當於1973年首季任何一個月的三分之二。

太古帶頭「起革命」

在普羅大眾談股色變的這四年間，部分實力雄厚的上市公司卻靜靜地起革命，一方面積極重組自身業務、精簡架構，另一方面挑選一些股價低殘而資產豐厚的公司，伺機吸納和收購，藉此優化壯大。據粗略估計，四年間共有至

少35家公司進行過不同形式的收購合併，牽涉資金達數以百億元計。

老牌英資太古洋行是發動這一輪收購潮的其中一家企業，80年代先後落成的太古城，就是當年太古洋行與大昌地產通過複雜的換股方式合作發展、共享權益的代表作。同年太古輪船公司又從不同途徑購入國泰，並成為後者的控股公司，操控香港的航空事業；連串的併購行動，使太古集團的實力進一步膨脹起來。

英資怡和、和記等企業亦紛紛加入戰團，東征西討，尋找股災後資產值遠被低估的收購對象，迅速擴展領域。其

太古城是73股災後,太古洋行和大昌地產合作發展的大型私人住宅。

後,這股風氣漸漸蔓延至華資財團;新鴻基證券收購華昌建業、華人置業收購中華娛樂行、新鴻基地產收購國大地產,就是當中的典型例子。

因應企業收購合併風氣盛行,證監處於1975年8月18日宣布通過《公司收購及合併守則》,以作為企業併購的基本守則。

從今天的角度回看,73股災的教訓雖然慘痛,卻是當頭棒喝,狠狠地喚醒社會上每一分子,不單糾正了普羅大眾的投資態度、把發展過快而雜草叢生的市場去蕪存菁,更驅使政府完善既有的市場監管制度,為香港日後逐漸發展成國際金融中心打下堅實基礎。

華資冒起 改朝換代

第二章

1979-1981

引言

隨着國際政局漸趨穩定，香港經濟在
20世紀70年代急劇起飛，加上港英政
府決定興建地鐵，國內又推行開放改
革、四個現代化，在在推動了香港股市
的上升。這次大牛市的出現，可由兩次
香港史上規模最大的收購戰說起。

在1979至1980年的短短半年間，香
港發生了兩場轟動世界的收購戰。巧合
的是，兩者都是新崛起的華資企業家，
收購當時在香港舉足輕重的英資大行。
在時代的交替中發生的兩場收購戰，
預告了昔日財雄勢大的英資洋行在香港
的根基已開始動搖，無論地位還是影響
力，都逐漸被迅速壯大的華資財團所取
代。

由於這兩場收購戰過程峰迴路轉，影響
深遠，《信報》用了大量篇幅報道，並
多次獨家訪問了收購戰的主角。社長林
行止在《政經短評》的分析，把收購戰
拆局解構，點出雙方背後的策略。現在
讀來，對了解這段時期華資和英資的角
力，仍有極高參考價值。

滙豐拱手讓出兩家老牌英資企業給華資
大亨，一直被認為是滙豐和港英政府有
意在香港前途問題即將冒現之際，向
中國及本地華資示好的表現，有強烈
的政治動機；但這種傳之已久的看法，
受到中央政策組前首席顧問、長期研
究香港經濟和金融發展的顧汝德（Leo
Goodstadt）斷然否認。

長實鯨吞和黃

1979 年 9 月 25 日晚上 11 時 45 分，上市未滿七年
的長江實業在中環華人行總部召開記者會，創辦人
李嘉誠宣布長實已跟滙豐銀行達成協議，以每股 7.1
元的代價，收購 9,000 萬股和記黃埔普通股股權。
一名華資商人有望成為英資洋行的華人大班，消息
震驚香港股市。

李嘉誠看準時機

《信報》翌日以頭版頭條篇幅報道這宗震驚中外商界的金
融大事。標題為《滙豐拱手讓出股權　長實「控制」和黃》
的新聞稿，對當晚記者會作出了現場直擊：

「昨天深宵，整個中區已一片死寂，但華人行廿一樓的長
實總部，燈火通明，五分之三的董事局成員仍忙碌地工
作，各董事的機要秘書、速記員和輔助性職員亦忙成一
團；經過整整一天十多小時的工作，今年五十一歲的李嘉
誠竟然絲毫不露疲態，他興奮地對記者說：『在不影響長
江實業原有業務的基礎上，本公司已有了更大的突破！』」

《信報》形容，此宗收購對長實股東、和黃股東和滙豐銀
行各方都有利。對長實而言，《信報》指長實「以如此低價
（暫時只付出 1 億 2,780 萬元）便可控制如此龐大的公司，
擁有如此龐大的資產，這次交易可算是李嘉誠的一次重大
勝利。長實無論在聲譽和實質利益方面，都大有收穫。」

在收購戰的消息公布後，《信報·香港股市》專欄作者思
聰嘗試對和記黃埔最新的資產淨值，作出一次非正式的
估算。結果發現，當時每股和黃的資產淨值高達 14.5 元

長實主席李嘉誠在和黃收購戰中聲名大
噪。

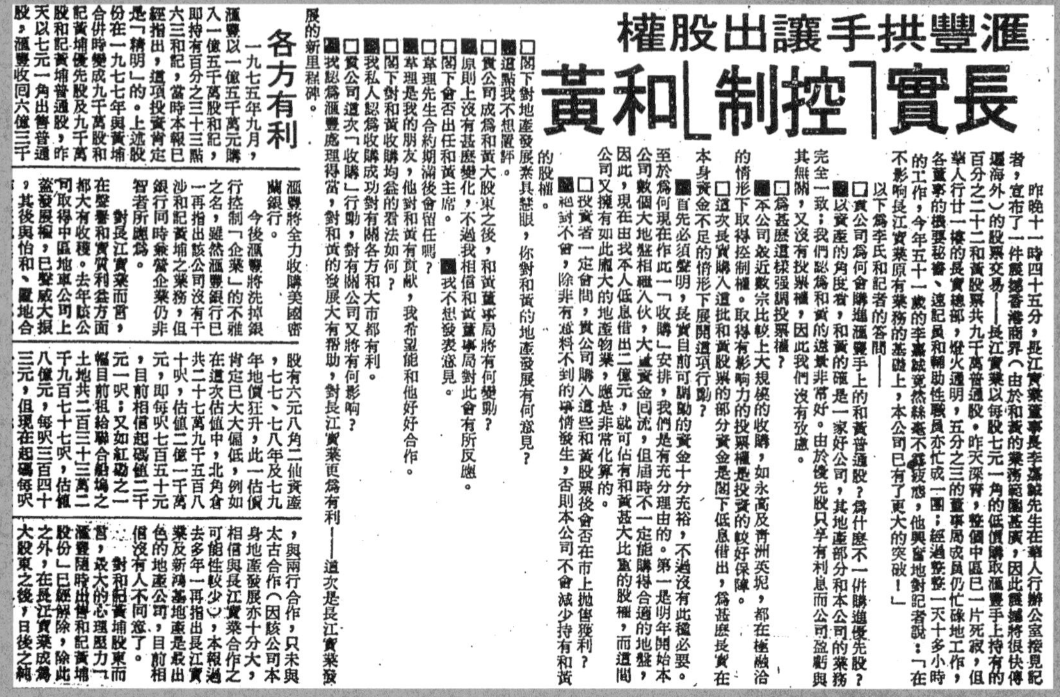

滙豐拱手讓出股權
長實「控制」和黃

昨晚十一時四十五分，長江實業董事長李嘉誠先生在華人行辦公室接見記者，宣布了一件震撼香港商界（由於和黃的業務範圍甚廣，因此震撼將很快傳遍海外）的股票交易——長江實業以每股七元一角的低價購取滙豐手上持有的百分之二十二和黃股票共九千萬普通股。昨天深宵，整個中區已一片死寂，但華人行廿一樓的長實總部，燈火通明，五分之三的董事局成員仍忙碌地工作，各董事的機要秘書、速記員和輔助性職員亦忙成一團；經過整整一天十多小時的工作，今年五十一歲的李嘉誠竟然絲毫不露疲態，他興奮地對記者說：「在不影響長江實業原有業務的基礎上，本公司已有了更大的突破！」

以下為李氏和記者的答問——

□貴公司為何會購進滙豐手上的和黃普通股？為什麼不一併購進優先股？

■以資產的角度看，和黃的確是一家好公司，其地產部分和本公司的業務完全一致；我們認為和黃的遠景非常好。由於優先股只享有利息而公司盈虧與其無關，又沒有投票權，因此我們沒有考慮。

□為甚麼這樣強調投票權？

■本公司最近數宗比較上大規模的收購，如永高及青洲英坭，都在極融洽的情形下取得控制權。取得有影響力的投票權是投資的較好保障。

□這次長實購入這批和黃股票的部分資金是閣下低息借出，為甚麼長實在本身資金不足的情形下展開這項行動？

■首先必須聲明，長實目前可調動的資金十分充裕，不過沒有此種必要。至於為何現在作此一「收購」安排，我們是有充分理由的。第一是明年開始本公司數個大地盤相繼入伙，大量資金回流，但屆時不一定能購得合適的地盤，因此，現在由我本人低息借出二億元，就可佔有和黃甚大比重的股權，而這間公司又擁有如此龐大的地產物業，應是非常化算的。

□投資者一定會問，貴公司購入這些和黃股票後會否在市上拋售獲利？

■絕對不會，除非有意料不到的事情發生，否則本公司不會減少持有和黃的股權。

□閣下對地產發展素具慧眼，你對和黃的地產發展有何意見？

■這點我不想置評。

□貴公司成為和黃大股東之後，和黃董事局將有何變動？

■原則上沒有甚麼變化，不過我相信和黃董事局對此會有所反應。

□閣下會否出任和黃主席。■我不想發表意見。

□韋理先生合約期滿後會留任嗎？

■韋理是我的朋友，他對和黃有貢獻，我希望能和他好好合作。

□閣下對和黃收購均益的看法如何？

■我私人認為收購成功對有關各方和大市都有利。

□貴公司這次「收購」行動，對有關公司又將有何影響？

■我認為滙豐處理得當，對和黃的發展大有幫助，對長江實業更為有利——這次是長江實業發展的新里程碑。

各方有利

一九七五年九月，滙豐以一億五千萬元購入一億五千萬股和記，即持有百分之三十三點六三和記，當時本報已經指出，這項投資肯定是「精明」的。上述股份在一九七七年與黃埔合併時變成九千萬股和記黃埔優先股及九千萬股和記黃埔普通股，昨天以七元一角出售普通股，滙豐收回六億三千

滙豐將全力收購美國密蘭銀行。

今後滙豐將洗掉銀行控制「企業」的不雅之名，雖然滙豐銀行已一再指出該公司沒有干涉和記黃埔之業務，但銀行同時兼營企業仍非智者所應為。

對長江實業而言，在聲譽和實質利益方面都大有收穫。去年該公司取得中區地車公司上蓋發展權，已聲威大振，其後與怡和、置地合

股有六元八角二仙資產，七七、七八年及七九年地價狂升，此一估價肯定已大大偏低，例如在這次估值中，北角倉共二十七萬九千五百八十呎，估值二億一千萬元，即每呎七百五十元，目前相信起碼值二千元一呎；又如紅磡之一幅目前租給聯合船塢之土地共二百三十三萬二千九百七十七呎，估值八億元，每呎三百四十三元，但現在起碼每呎

，與兩行合作，只未與太古合作（因該公司本身地產發展亦十分大，相信與長江實業合作之可能性較少），本報過去多年一再指出長江實業及新鴻基地產是最出色的地產公司，目前相信沒有人不同意了。

對和記黃埔股東而言，最大的心理壓力「滙豐隨時出售和記黃埔股份」已經解除，除此之外，在長江實業成為大股東之後，日後之純

《信報》在 1979 年 9 月 26 日以頭條報道收購戰。

（《信報》1979年9月27日）。換句話說，李嘉誠以每股7.1元購入和黃，折讓高達五成。

此外，滙豐同意長實先支付交易總額的20%，餘額的一半則在半年內支付，尾數可選擇在不超過兩年內付清。這宗交易共涉資6億3,900萬元，李嘉誠將持有和黃22.4%已發行股份。

另一方面，對滙豐來說，「滙豐在這項投資上的獲利共5億7,900萬元，利潤之大，達到每股0.835角，這筆盈利將全部撥入滙豐之儲備金內，令儲備金大大加強；如無意外，滙豐將全力收購美國密蘭銀行。」

對於和記黃埔的股東，《信報》認為「最大的心理壓力『滙豐隨時出售和記黃埔股份』已經解除，除此之外，在長江實業成為大股東之後，日後之純利『大幅跳升』可以預卜！」

李嘉誠成功收購和黃，是香港華資企業家的一個重要里程

70年代中環一隅。昔日的希爾頓酒店（圖後左的建築），今日已建成長江中心。

碑。由於長實當年的資產值只有七億多元，而在四大英資洋行中排名第二的和記黃埔，資產值則高達62億元，兩者實力之懸殊，令外界不禁以「蛇吞象」來形容這次收購。

發展地產奠定根基

事實上，覬覦和黃這個寶藏的投資者，又豈止李嘉誠一個？而滙豐銀行坐擁和黃一系列極具價值的資產，相信未來發展潛力無可限量，滙豐又為何要以「賤價」將之拱手相讓，而且居然沒有以此「造福」份屬同鄉的英商，卻偏偏看上一家在當時絕對稱不上大型的華資地產商？究竟滙豐銀行高層作出這個「出人意表」的決定是基於什麼考量？解答這些疑問，得從李嘉誠的背景和發跡經過說起。

在收購和黃後被冠上「超人」稱號的李嘉誠，原以生產塑膠花起家。他早在1958年開始看好香港地產前景，因此利用從製造業賺得的利潤，先後在北角、柴灣、新界元朗等地區興建多層工業大廈。

李嘉誠當年擊敗置地，奪得金鐘地鐵站上蓋的發展權，建成甲級商業大廈海富中心。

當時投資地產者，大多以「孖展」方式融資，地價一跌就遭滅頂之災。李嘉誠則持有充裕資金，因此可以很有彈性地調動儲備，趁低吸納。60年代中期，香港先後發生暴動、銀行危機和政治騷動，地產市道陷入空前低迷，投資公司、富豪紛紛賤價拋售物業，特別是高級樓宇，李嘉誠反而利用那千載難逢的良機大舉趁低吸納地皮。至70年代初，李嘉誠創立長江實業，全力發展地產。

當時由於香港會一會獨大的局面剛被打破，過往申請上市被拒的華資企業紛紛轉到遠東會、金銀會或九龍會掛牌，香港的投資者數目也迅速膨脹，股市呈現了一片牛氣沖天的景象。在這個天時地利人和的環境下，李嘉誠亦把握良機，及時把長實上市，更趁着股份受市場追捧，大量發行新股，以儲備更多彈藥攻城掠地。

長實上市第一年，竟錄得4,370萬元純利，比預期大幅超出4倍。至1976年，長實擁有的樓面面積，達630萬方呎，在短短4年間急增17倍。此時，長實的實力，已引起向與他有生意來往的滙豐銀行的注意。

原來，在李嘉誠正式入主和黃之前，早與另外兩家洋行──置地和九倉交過手。《信報》曾盛讚李嘉誠「不但是地產界的強人，亦成為股市中炙手可熱的人物──四行之中，控制了一行，與兩行合作，只未與太古合作……」（《信報》1979年9月26日）

1977年1月，地鐵中環站和金鐘站上蓋的發展權接受招標，由於兩地均處於商業中心地帶，投標的財團多達30

個，其中又以怡和系老牌英資地產公司置地的奪標呼聲最高。

置地早已坐擁中區的商業中心王國，差不多每一幢商廈都可以作其招牌。長實只是一家新成立不久的華資地產商，要與地產巨人較量，簡直不成對手。然而，勁敵當前，李嘉誠卻更加清楚看到這是一個不容有失的壯大機會。

李嘉誠思前想後，尋找足以攻破置地的竅門。手中的資料顯示，地鐵公司與政府的協議是必須以六億元購入地鐵站的地皮，他靈機一觸，發現地鐵急需的是資金盡快回籠，而置地等眾多地產商的經營方式，都是把物業出租以賺取租金，這對地鐵來說，顯然搔不着癢處。

於是，李嘉誠針對地鐵公司債務高企的困難，提出把上蓋物業發展成甲級商廈，完工期更與地鐵通車的日子配合，同時主動向地鐵提供現金作為建築費。結果，長實在置地奪標呼聲高唱入雲之際，爆了個大冷，不但在眾多財團之中突圍而出，更擊敗了置地。此宗交易，被譽為是「華資地產界的光輝」。

滙豐一手促成交易

1978年5月，地鐵中環站上蓋建成環球大廈並公開發售。總值達5億9,000萬元的物業，在八小時內全部售罄；8月中，地鐵金鐘站上蓋的海富中心，亦於開盤首天售出逾九成樓面，兩個樓盤均打破了香港地產界的紀錄。在是次合作中，長實主動和地鐵對分盈利，長實得49%，地鐵得51%。

至於李嘉誠翌年能夠在一眾競爭者中突圍而出，成功控制和黃，關鍵則在於此宗交易由滙豐銀行一手促成。和黃前身是和記與黃埔兩家洋行，和記洋行成立於1860年，是一家歷史悠久的英資洋行，本世紀60年代迅速擴張，大

有「公司醫生」之稱的韋理。

舉收購黃埔船塢、屈臣氏、均益倉、德惠寶洋行、泰和洋行等，全盛時期共有360家附屬及聯營公司，業務遍布地產、財務、保險、酒店、船務、船塢、貨倉、棉毛紡織、汽車、洋酒、汽水、藥品、進出口貿易以至新聞、廣播事業，是香港最龐大的商業機構之一。

可惜到70年代初，香港發生股災，加上中東石油危機爆發，和記洋行卻持續擴展，財政狀況逐漸出現危機。1975年，和記在印尼的一項重大工程出現周轉不靈，合約早於1973年已簽訂，但到1974年石油漲價之後才進入高潮。

當時和記須購買數以百計的大卡車、推土機，但滙豐銀行卻突然收緊信貸，結果和記為了解困，被迫接受滙豐收購，由滙豐注資1億5,000萬元以換取33.65%股權，成為和記大股東。

滙豐接管和記後，辭退了須為和記連串虧損負責的行政總裁祈德尊（Douglas Clague），改聘素有「公司醫生」之稱的韋理（B. Wyllie）出任行政總裁。韋理上任後為和記進行大刀闊斧式的改革，遏止虧損；到1977年底，他又趁世界航運業衰退，黃埔船塢的業務陷入困境，安排黃埔船塢併入其母公司和記國際，成立和記黃埔。

吞英資早有籌謀

從現在的眼光看李嘉誠收購和黃，相信到目前為止，任何生意人都仍然會認為這是一個明智之舉。然而，原來李嘉誠最初的收購目標，卻並非和黃，而是怡和系旗下擁有大量地皮的九倉。60年代末，香港碼頭業掀起貨櫃化革命，九倉遂將碼頭倉庫遷往葵涌、荃灣，在尖沙咀海旁的碼頭貨倉原址發展地產，大規模興建集高級商場、寫字樓和住宅於一身的海港城，甚受商界歡迎。

可是，九倉的投資策略有兩個頗大的弱點，一方面是透過大量發行新股籌集發展資金，令股價長期偏低，大股東的持股量亦嚴重不足；另一方面是該公司以投資地產為主，主要靠租金收益維持盈利，現金回流慢。1978年初，九倉的股價最低曾跌至11.8元，但該公司持有的土地卻已大幅升值。

當時，李嘉誠發現只要購入20%九倉股票，即可挑戰置地公司的大股東地位。因此，他不動聲色大量購入九倉股票，從每股10元一直買到每股30多元，前後購入約1,000萬股。在這段期間，九倉股價出現不尋常飆升，已驚動了香港投資界而引起注意。1978年3月，九倉股價更一度炒上46元的歷史性高位。此時，李嘉誠打九倉主意的消息不脛而走，怡和卻因為缺乏資金而陣腳大亂，惟有向滙豐銀行求助。

在滙豐銀行的斡旋下，李嘉誠認為當時並不是與怡和公開較量的適當時機，於是決定把手上的九倉股票悉數轉售予當時已是滙豐銀行董事的「世界船王」包玉剛，以換取日

李嘉誠在70年代全力擴展他的商業王國。

1973年及1986年恒生指數成分股資本背景

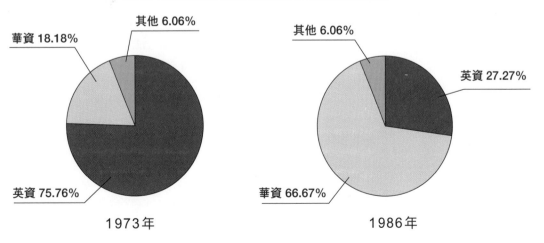

其他 6.06%
華資 18.18%
英資 75.76%

1973年

其他 6.06%
英資 27.27%
華資 66.67%

1986年

後進行其他收購計劃的籌碼。李嘉誠放棄九倉,一方面避免使滙豐為難,損害未來的生意合作關係,另一方面亦從中賺取了逾7,000萬元的利潤,全身而退。

收購九倉一事告吹後,李嘉誠隨即把目標轉向滙豐手上的和黃。根據香港的《公司法》和《銀行法》,銀行不能從事非金融性業務;債權銀行雖可接管陷入財政危機的企業,但當企業的經營逐漸走上正軌,銀行必須將其出售予原產權所有者或其他投資者。李嘉誠因此知道滙豐不可能控制和黃太久,於是把握這個千載難逢的良機,秘密向滙豐洽購和黃。

對滙豐銀行來說,出售和黃是遲早的事,也非着眼於短線的售股套利,而是寄望和黃未來可以穩健而合理地發展,為銀行帶來更長遠的利益。李嘉誠是滙豐的其中一個大客,從長實上市、壯大,到競投金鐘中環地鐵上蓋一役擊

退置地，再到低價吸納九倉股票等重大投資舉措上，在在贏盡滙豐的掌聲；加上在轉讓九倉股票上，李嘉誠表現出充分的合作，更令滙豐高層對其增添一分信任。

終於，在1979年9月25日，李嘉誠就收購和黃一事與滙豐達成協議，以極優惠的價格和條件，得到滙豐手上的9,000萬股和黃普通股。事後，市場的爭論點，其實並不只聚焦在李嘉誠以新崛起華資地產商的身份，購入市值比長實大近十倍的香港第二大英資洋行控制權，更在於滙豐以「賤價」出售和黃，以及出售和黃的時機是否恰當。

在滙豐把和黃股權轉讓給李嘉誠一事上，表現得最為不滿的是和黃主席兼行政總裁韋理。韋理認為滙豐出售和黃股權的處理失當，他於9月27日接受《信報》獨家訪問時指出：

包玉剛（左六）與李嘉誠（右二）分別成為滙豐銀行華人董事，站立者為滙豐銀行前主席沈弼。

長江中心毗鄰滙豐銀行大廈,足可反映
長實的地位與英資滙豐並駕齊驅。

「滙豐在決定出售9,000萬股和黃普通股前,事前並未知
會和黃董事局,亦未曾就和黃股票的真正價值,徵詢和黃
方面的意見,這不但對和黃股東的權益有損,同時使滙豐
所訂價格遠低於和黃的資產淨值,直接損害到滙豐股東的
權益。

「談到和黃的資產實值的計算,本公司財務董事韋彼得和
其他專家連夜進行計算,在扣除優先股本和一切負債後,
每股淨值約為14.4元……不過,我想加以補充一點,就
是每股淨值14.4元的估計仍是十分保守的,假如現時將
和黃手上一些資產或土地出售,其所得的結果將遠高於目
前的估計。」

滙豐同日發表聲明,似是回應韋理和投資界對其「賤賣」
和黃股票的關注。《信報》於9月28日獨家披露滙豐發給
外國投資公司聲明的內容:「(滙豐)不反對和黃董事局所
指……和黃每股值14.4元的資產淨值,但滙豐銀行不相
信以這個價錢能為該批股票找到買家。長實方面答應不出
售和黃股票,同時又能為和黃的地產發展帶來好處,所以
決定以7.1元的價格售予長實,這個價格釐定的標準,是
根據雙方商討時和黃股票平均市價5.5元,再加上三成計
算出來。」

扶華資滙豐精明

事實上,滙豐當初計劃出讓和黃股權時,又豈會對於手中
的這個寶藏日後可能間接為銀行帶來的利益不加考慮?相
信當時長實與和黃同樣是與滙豐有生意往來的商業客戶,
但結果滙豐選擇了李嘉誠,一個很重要的因素是預計到落
入李嘉誠手上的和黃,日後帶給滙豐的收益,必然遠較落
入和黃原班管理層為多。

這個說法,除了證諸於李嘉誠曾在收購九倉一役上,表
現出充分的合作外,也可以從他成功獲得和黃股票後接受

訪問中看到。《信報》在消息公布後兩天專訪李嘉誠，最後一條問題問他：「貴公司與滙豐交往如此頻仍，未知滙豐銀行大廈的重建工作會交由貴公司負責嗎？」識時務的李嘉誠隨即答道：「我沒有這方面的消息。不過，今後本公司與滙豐銀行的關係必更密切。」（《信報》1979年9月28日）

另一邊廂，和黃主席兼行政總裁韋理同日接受《信報》訪問，在回應「有人認為滙豐這次出售和黃股權，是因為他們與閣下無法通力合作所造成，不知道閣下對這方面有什麼意見？」的問題時，卻如此答：「……在我當年加入和記國際有限公司時，已在第一次舉行的記者招待會上強調，雖然我是由滙豐委任為和記國際的行政總裁，但我不是為滙豐銀行工作，我只是為和記國際或和記黃埔的股東工作……當和記渡過財政危機後，我已直接地表示不再需要滙豐在財務上的支持。同時在所有相關的財務安排上，是完全以商業原則為出發點，滙豐並不因為是和記或和黃的主要股東，而在業務上獲得任何優惠條件，同樣是需要和其他銀行進行競爭……」（《信報》1979年9月28日）

由此可見李嘉誠與韋理對滙豐的向背可謂南轅北轍，滙豐既要為其股東爭取最大利益，自然也會敲定最「合適」的買家。

無論李嘉誠收購和黃是如何石破天驚、滙豐的處理手法在當時引起多麼激烈的爭論，但爭論始終會過去，無法改變的事實是和黃最終還是落入華人地產商李嘉誠手中。李嘉誠於同年10月15日加入和黃董事局，出任執行董事。一年後，長實對和黃的持股量已增至41.7%，李嘉誠於1981年1月1日出任和黃董事局主席，正式成為「入主英資洋行的第一人」。同年，李嘉誠獲委任為滙豐銀行董事。

中央政策組前首席顧問顧汝德認為滙豐賣和黃只是商業決定，並沒有政治考量。

顧汝德：
滙豐賣和黃純商業決定

一直有論者認為，英資的滙豐銀行自 70 年代開始廣泛投資在華人企業家身上，是基於香港即將回歸的政治因素。

但當年滙豐大班沈弼（M. Sandberg）曾就轉讓和黃股權時反駁：「銀行不是慈善團體，不是政治機構，也不是英人俱樂部，銀行就是銀行，銀行的宗旨就是盈利。」

當時不少評論指出，滙豐是考慮到香港前途問題即將出現，為了拉攏華資勢力，才願意以相宜的價錢出售英資企業給華資大亨；換言之，滙豐的決定是基於政治考量，並非純商業決定。對於這種看法，中央政策組前首席顧問顧汝德（Leo F. Goodstadt）徹底否定。

他在2008年為本書接受《信報》訪問時表示，英資企業在港到了70年代，部分企業因管理不善而漸走下坡，衰敗得很快，本地華資大亨開始蓋過他們的影響力。

「滙豐銀行對外資企業的態度最堪注意。滙豐在香港政壇有重大影響力，而且它利用金融實力支持英資公司抵禦華資的挑戰，但到最後，滙豐還是決定支持商業上的贏家，不管他是英人還是華人。這種純商業態度終於在1975年發揮作用，滙豐把原來由祈德尊爵士（Sir Douglas Clague）控制的商業王國——因經營不善而落入滙豐手中的和黃，最終在四年後轉讓給華資大亨李嘉誠，這完全是商業決定。

「很明顯，滙豐知道李嘉誠的潛力，而最後證明滙豐並沒有看錯，到了1981年，李嘉誠的旗艦公司全球市值已經超過國際級大銀行大通（Chase Manhattan）和萊斯銀行（Lloyds Bank）。

顧汝德認為，滙豐銀行對外資的態度最堪注意。

殖民政府優惠中國企業

顧汝德在訪問中亦提及當年港英政府優惠中國企業的政策。

「回到在香港的中國企業的生存問題，這是個很有趣的話題。殖民政府很想保護本地中資銀行，給了它們很多優惠政策，甚至不需要遵守當時的法律。香港政府小心避免給它們製造麻煩，不單是《銀行法》，連《商業法》甚至是刑事法都可以豁免，因為中國企業尤其是銀行業能不能在現代社會生存，在當時這是一個很特別、很重要的問題。」

「祈德尊爵士在1975年由於在外滙市場和股市過度投機，終於失去了和黃的控制權，渣甸則看不到1982年地產大跌市，結果一敗塗地，於是花了足足20年時間，千方百計部署免受華資狙擊，並積極安排遷冊海外。馬登爵士則在1985年看錯航運業，避不過航運低潮期而被迫拱手讓出九倉控制權。」

華資取代英資地位

前中央政策組首席顧問顧汝德是中、英、港政經關係專家，著有 Uneasy Partners: The Conflict between Public Interest and Private Profit in Hong Kong 一書，他接受本書訪問時，詳細剖析了香港英資公司的歷史背景。作為中央政策組前首席顧問，他清楚明白英國在殖民地的管治政策。他指出，在香港的英國企業是把利益放在政治和民族主義前面的。英資公司在中國經營通常都會採用這種策略——因應中國城市人口多，但人民工作勤懇，且大部分都過着窮困生活。面對各種政治危機，當地科技水平又低，英商只願動用相對小量的投資，卻通過控制公司的管理權，榨取對華貿易中利潤最豐厚的業務，包括控制銀行，奪得黃金地段的物業、船塢、貨倉、航線以及運輸企業，並獨家向這些企業提供來自西方國家的機器和設備。

「首先我們得說說香港。不管怎樣看待殖民主義，我想應該先想一下香港的優勢。第二次世界大戰以後，英國企業沒有因為支持英國而得到任何利益。由於英國稅率太高，也有外滙管制。如果你是英國公司或從英國來，英國的影響力愈小，你就愈安全——沒有英國的稅，沒有外滙管制，這個很重要。其次，在政治上，英國正從殖民地撤走，巴基斯坦、緬甸、馬來西亞都獨立了，幫助英國沒有什麼好處，因為你都得不到什麼東西。

「在20世紀中葉，香港最大的企業都屬於英資：渣甸、太古、和黃、會德豐、中電、滙豐銀行等，看起來，殖民

現在中環一帶都是華資的建築地標。

地政府牢牢控制了本地經濟的最上層。在1973年，大約有一半香港上市公司市值來自渣甸、太古、和黃、九倉等英資企業；它們在香港的政治地位也舉足輕重，高層人員往往是殖民地政府內各個重要機構的成員，人數雖少，但控制着貨幣供應、股票市場甚至政府。當時它們之間關係密切，恍如私人會所，當任何新的生意機會出現，特別是和政府有關的生意，都會由它們瓜分。

「英資企業的大亨雖然可以『直通』殖民地政府高層，但在二次大戰後，英商卻無法在當地動員華人社群支持殖民地政府。換言之，在政治上英國無法依靠英資企業，英資的利益，因此無法凌駕在華商和華人專業精英分子之上。

「由於政治上沒有足夠的影響力，英資跟華資競爭時很難在政治上築起防護牆，殖民地政府也無法置現實於不顧，刻意照顧英國和英資公司的利益。在香港的英資商人曾

和黃是香港貨櫃碼頭的最大營運商
之一。

經游說港英政府放棄不干預政策，改為向企業提供直接資
助，但為港英政府拒絕，殖民地政府寧願選擇由市場力量
決定英資企業的命運。

「也有部分英資企業仍然能夠站穩及發展，例如滙豐、渣
甸、太古和嘉道理系的公司，英國結束在香港統治前夕，
這四家英資仍佔香港股市市值的23%。但是，它們最後
都被大批華資大亨趕上，像李嘉誠、李兆基、新鴻基地產
的郭氏兄弟等。香港的華資大亨取代英資企業的洪流，實
屬大勢所趨。」

事後證明，滙豐的確獨具慧眼，李嘉誠接掌和黃後果然
不負三方股東期望，集團純利由1979年的3億3,200萬
元，大幅增加至1983年的11億6,700萬元；和黃的市值
也從1980年初的38億7,000萬元，高速躍升到1984年
底的98億5,000萬元，在香港的上市公司中僅次於滙豐
銀行和恒生銀行。

到1989年李嘉誠把和黃併入長實時，和黃的純利已高達
30億3,000萬元，另外還有非經常性溢利30億5,000萬
元；光是純利，短短十年內就增長了十倍。

包玉剛誓奪九倉

李嘉誠「鯨吞」和黃才不足半年光景,另一場舉世矚目的公司爭奪戰隨即展開,今次的「獵物」是四大英資洋行之一——怡和旗下的九倉,而爭奪戰的主角則是九倉的母公司怡和,以及一代船王包玉剛。

包玉剛適時減少船隊規模,進軍地產和碼頭,取得輝煌成績。

中央政策組前首席顧問顧汝德表示,包玉剛加入滙豐董事局,是由當年滙豐主席沈弼挑選的。香港銀行界向有沿用的政策,就是盡量不貸款給航運公司,因為這個行業起伏大,風險高。

「但是滙豐看到了這個人的潛質,還是決定借錢給包玉剛,就像李嘉誠當時一樣,沈弼在李嘉誠成為名人以前就認識他了。」

怡和於1886年分拆出置地在香港購入的第二幅地皮,即尖沙咀地皮,成立九龍倉,主要業務是在九龍區提供貨倉

及搬運，把洋貨由陸路輸入中國。後期因中國清朝不斷和
西洋諸國進行海戰，再加上海盜橫行，海路運輸變得極之
危險，大量貨運活動轉而集中在陸路；當時陸路運輸以火
車為主，由於火車總站設在尖沙咀區，該區遂成了貨物吞
吐的集散地，於是九龍倉在尖沙咀區大量購入土地興建貨
倉。

由於火車載運的貨物，大部分與怡和有關，另一方面，置
地向九倉提供了一幅興建貨倉的「地王」，於是，傳統上
九倉的主席與置地的主席一樣，都由怡和主席兼任，這個
規定並寫入了公司章程。

60年代末，香港碼頭業掀起貨櫃化革命，於是九倉把碼
頭倉庫遷往葵涌、荃灣，在尖沙咀海旁的碼頭貨倉原址發
展地產，大規模興建高級商場。70年代，香港島和九龍
不斷發展，土地供應愈來愈少，地價上升速度驚人，首先

九倉在尖沙咀的大本營。

為向來看好地產前景的華資地產商帶來巨額財富。他們一方面通過賣樓得到巨額利潤,另一方面則積極擴充土儲以提供源源不絕的生財機會。從當時的賣地情況看來,尖沙咀區的地價之高,位列全球第二,僅次港島的中區。

九倉在尖沙咀區擁有龐大土儲,這些珍貴的地皮在70年代地產業起飛期間大幅升值,可是九倉由於大量發行新股籌集發展基金,使股價長期處於偏低水平。與此同時,自1973年起,怡和似乎對香港失去信心,漸漸把發展的重心調到海外,疏於發展香港的業務。怡和系的純利因而進入低增長期,投資者對怡和系信心大失,流出市場的股份增加。

此外,由於怡和洋行旗下的置地和九倉的公司章程規定置地主席和九倉主席必須由怡和主席兼任,怡和對置地和九倉的持股量,長期處於低於10%的水平。令人難以置信

包玉剛訪問日本時與首相海部俊樹握手。

的是，在1976年12月，怡和只持有大約5%九倉和3%置地股份。這個漏洞引起了華資地產商的注意，並密謀從怡和手上搶奪兩家公司的控制權，以取得兩家公司名下大量價值不菲的市區土地。他們的第一個目標是九倉，而最積極在市場上收集九倉股票的是長實主席李嘉誠和有世界船王之稱的包玉剛。

李嘉誠增持九倉股票

1978年初，九倉的股價一度跌至11.8元，但該公司位於尖沙咀、港島、新界的碼頭貨倉地盤，已大幅升值。李嘉誠不動聲色地大量購入九倉股票，一度持有逾10%九倉股份。

由於怡和在70年代中前期大規模投資海外，在港盈利裏足不前，一時缺乏可調動的資金，只得急忙向滙豐銀行求助，由當時的滙豐主席出面，成功說服李嘉誠把九倉股票悉數售予當時已身兼滙豐銀行副主席的包玉剛。

包玉剛早年曾任國民黨政府官辦銀行的要員，來港後與父親經營進出口貿易，後來轉投航運業，在滙豐銀行的幫助下，漸漸建立起自己的船隊，高峰期共擁有逾200艘船，其中48艘屬超級油輪。

1978年，包玉剛的環球航運集團正步上巔峰，成為世界航運業中最具規模的私營船東公司，他本人亦因「世界船王」之名而享譽全球。然而，早在70年代的第一次石油

危機之後，包玉剛已洞察到世界航運業出現衰退，並暗地裏積極部署「棄舟登陸」，把家族的投資作出了重大戰略轉移。

同年發生的一些事，加強了他「棄舟登陸」的決心。當年環球航運的兩大客戶之一日本輪船公司因經營不善而瀕臨倒閉；這時，接替滙豐銀行主席桑達士（J. A. H. Saunders）上任不久的沈弼，已表現出對航運業前景的隱憂，要求包玉剛對其船隊租約的可靠性作出書面保證。自此，包玉剛對世界航運業的戒心大增。

在此後四、五年，包玉剛成功出售名下大批船隻，到1986年，環球航運公司的船隻已銳減至65艘，相當於全盛時期的四成。在80年代中世界航運業持續低迷，不少船隻閒置以至當廢鐵出售之際，包玉剛已避過危機，並在香港地產界大展拳腳。

1978年9月5日，包玉剛宣布他和他的家族持有15%至20%九倉股份；包玉剛及其女婿吳光正並獲邀加入九倉董事局，九倉事件暫告一段落，九倉股價也從49元下跌至21元水平。

可是，包玉剛加入董事局後，並沒有停止購入九倉股票，估計至1978年12月，已持有超過30%九倉股票，成為最大股東。與此同時，對九倉持股量長期不足的怡和系，亦以置地為代表密謀反擊，不斷吸納九倉股票，並通過與同系怡和證券換股的方法，大幅增加對九倉的持股量至20%，加上怡和持有的5%九倉，一般估計，至1979年底，怡和系已持有25%九倉股票，有足夠力量阻止包玉剛修改公司章程。

九倉股價自1979年3月再次輾轉上升，市傳包玉剛對置地收集九倉股票十分不滿；投資者憧憬九倉爭奪戰勢將白熱化，紛紛吸納九倉股份。至1979年底，九倉股價已突破60元水平。

包玉剛女婿吳光正（中）接手執掌九倉。

尖沙咀地皮有價,九倉把尖沙咀碼頭一帶發展成集甲級商廈、酒店、購物中心和高尚住宅於一身的海港城。

1980年6月,爭奪九倉的戰幔正式掀開。6月19日,市場盛傳置地將與九倉換股,九倉股價逆市上升,最高一度升至78.3元,最後以77元收市。翌日,置地公司趁包玉剛遠赴歐洲公幹,搶先發難,宣布以兩股置地股份,再加一張面值75.6元、周息10厘的債券,共價值約100元,換取一股九倉股份,目的是要把置地對九倉的持股量,由20%增加至49%。

怡和圍魏救趙

從事件的表面看,英資的置地此舉似乎只是要奪回九倉的控股權,重新坐上九倉第一大股東的寶座,鞏固怡和系在九倉董事局的地位;然而,分析家卻早就看到置地此舉的真正動機在於趁高價拋出其原本持有的九倉。

《信報》於6月21日在《政經短評》以《二鳥在林不如一鳥在手》為題,指出怡和系寧願放棄九倉,並以拋出九倉所得資金購入置地,以鞏固其在置地的控制權;短評又以「圍魏救趙」形容置地的增購手法,更斷言置地如遇反增購,必會壯士斷臂,賣出九倉:

「置地有意增購九倉事件，表面看起來頗為簡單，但仔細一看一想，就會覺得事非尋常……這一着棋，我們稱之為『圍魏救趙』（『魏』是九倉，『趙』是置地）之計。表面上看，怡和的目的物是九倉，事實上不然……我們因此肯定置地另有深意，這就是趁市面一般人認為『增購』價太高對置地不化算而拋售置地時，怡和系就會將大量流出市面的貨源吸乾。至此，形勢已從『二鳥在林』變為『一鳥在手』，而達此目的之策略正是『圍魏救趙』之計。」（《信報》1980年6月21日）

置地此招果然引起了包玉剛家族的反擊，包玉剛女婿吳光正不虞有詐，即晚把消息轉告遠在歐洲公幹的包玉剛，商討對策，隨即決定與置地針鋒相對。當晚，包玉剛名下的上市公司隆豐國際就置地公司收購九倉股份的事發表通告，指置地的建議繁複，條件毫無吸引力，呼籲九倉股東勿輕舉妄動。

翌日，包玉剛決定取消周一與墨西哥總統的約會，匆匆自倫敦返港，隨即於周日與財務顧問獲多利（滙豐旗下的商人銀行）的要員商討對策，並於當晚以個人及家族的名義，提出以105元現金收購每股九倉股份，或以500元現金收購每張九倉認股證，目標是收購2,000萬股九倉股份，以把其家族對九倉的持股量，由原先的約30%，增加至49%。

這項九倉股份收購行動所涉及的金額逾20億元，是本港有史以來最大規模的現金收購行動。包玉剛當晚即發表聲明，指獲多利將代表其家族執行這項收購行動，有效期只限周一、周二（6月23、24日）兩天。

包玉剛提出以現金105元收購九倉股份，價格比九倉停牌前6月19日的收市價77元高出兩成多，收購條件亦明顯較置地提出的吸引。周一（6月23日）大清早，獲多利辦事處所在的中環和記大廈便出現長長的賣股人龍，獲多利

《政經短評》分析華資動向

在九倉收購戰功成落幕後，《信報》社長林行止在《政經短評》專欄對當時的華資動向作出了一個概括性的分析：

「70年代地產市場的蓬勃發展，令不少眼光獨到和肯承擔風險的物業發展商賺了大錢。在這個典型的資本主義社會裏，財富助長了自信心，加上70年代後期中國政治漸上軌道，在外交上門戶大開，在國內政策上重新重視經濟建設，對港澳同胞尤其是商人更打開合作的大門，令華籍商人在下意識上滋生了與英資一爭雄長的傾向；此外，在這段期間內，許多華商的第二代紛紛從外國學成歸來，他們對外商的經營哲學有透徹的了解，對外商的每項經營步驟都能作出中肯的分析和預測，外商的神秘性和權威性徹底被打碎。在這種背景下，坐擁巨資的華商開始動那些只持有少量股票卻擁有絕對控制權的公司腦筋。事實證明華商已取得一定的成就。」

左二起：霍英東、李嘉誠、李福兆是 70 年代舉足輕重的華資商人。

9時開始進行交易，11時已集齊包玉剛要求的2,000萬股九倉股份，主要是幾間銀行的大戶轉讓，不少散戶向隅。

華資成功背後

歷時長達兩年的九倉收購戰，終於以包玉剛全勝的結局落幕。其後，包玉剛以最大股東的身份登上九倉董事會主席的寶座，成為九倉有史以來第一任非怡和系主席兼任的九倉主席，也是九倉有史以來的第一任華人大班。

不過，故事並非表面看來如此簡單，外界評價包玉剛此役只是「慘勝」，當時《信報》專欄作者思聰以「船王負創取勝，置地含笑斷腕」為這場收購戰作出總結，意思是包玉剛雖然獲勝，但付出的代價太大；置地雖痛失九倉，卻賺取了逾七億元的巨額利潤。

事有蹺蹊，原來置地突然提出收購九倉股票的條件時，已預計包玉剛會以更佳的條件進行反擊，置地此舉的動機實為暗渡陳倉出賣一批成本甚低的九倉股票，同時趁置地股東拋售股票（因投資者預計置地發新股收購九倉將令每股置地盈利下降，發債又使其利息負擔大幅提高）之際，以低價大量補倉。

結果，包玉剛開出以105元現金收購每股九倉的「天價」，無疑正中置地下懷，為其提供了一個高價套現的機會。在獲多利代表包玉剛收購九倉股票當天，已有市場消息傳

出，包玉剛在短短兩小時內購得的2,000萬股九倉股票，其中1,000萬股輾轉來自怡和系。

據行內消息透露，獲多利當日曾拒絕收取與怡和系有關的九倉股份，可是該批股票很快又轉用銀行及股票行作委託的名義，由50人於大清早前往和記大廈獲多利公司門外輪候，第一時間售予獲多利。粗略估計，置地在是次售股行動中約獲利6至7億元。

九倉在包氏家族的經營下，業務蒸蒸日上，全盛時共有18家附屬公司和10家聯營公司。1985年，包玉剛更伺機全面收購業務與九倉十分接近的會德豐，並將之併入九倉旗下。九倉、會德豐兩役，使包玉剛一度成為香港第二大華人財閥。

事實上，這兩場揚威海外的世紀收購戰，不過為華資往後進一步壯大開闢了先河；在80年代中後期，華商再接再厲，繼續攻下中華煤氣、香港電燈等一批英資上市公司，又向聲名顯赫的置地、大酒店發動攻勢；長江實業、新鴻基地產、恒基地產、新世界發展和恒隆等一批華資地產商，更蛻變成大型企業集團，逐漸取代英資在香港地產界的主導地位。這個時期，華資財團已凝聚成香港一股極其重要的資本力量。

在香港告別70年代、踏入下一個十年之際，李嘉誠入主和黃、包玉剛併購九倉和會德豐，徹底動搖了四大老牌英資洋行在香港的根基，其中三家不是痛失子公司，就是整家公司遭華資吞併，只剩下太古洋行得以完璧無損。

滙豐大班獨具慧眼

雖然收購和黃、九倉，令李嘉誠、包玉剛聲名鵲起，遠近中外無人不識；但不得不提的是，英資滙豐銀行在這兩場轟動全球的世紀收購戰中擔當了「左右大局」的角色。可以這樣說：如果沒有滙豐銀行出錢出力的支持，李嘉誠和包玉剛很可能未必當得成英資洋行的華人大班。

滙豐銀行首次接觸包玉剛是在1952年。當時銀行與商人的交易都通過買辦穿針引線；不知天高地厚的包玉剛竟然膽敢繞過買辦，直闖滙豐銀行辦公室要求貸款，結果當然是被拒諸門外，但他的膽識，卻給接見他的進口部正副經理，蓋伊·塞耶和桑達士留下深刻印象。

桑達士後來出任滙豐銀行的項目經理，負責批核在香港的借貸；在香港商人眼中，地位更勝滙豐大班。1955年，已投身航運業的包玉剛計劃訂造新船，再次到滙豐銀行「叩門」。可是，當時銀行業有一條行內稱之為「黑書」的不成文規定，就是不投資航運、航空和電影業；當包玉剛提出以其中一艘船作抵押，要求借貸75萬美元時，桑達士甚感為難。

不過，桑達士欣賞包玉剛長租輪船的經營方式，因此並沒有像上一次一樣，對包玉剛的要求一口拒絕。相反，他向包玉剛開出一個條件，如果包玉剛能取得新船租戶開戶銀行發出的信用狀，他就批出貸款。這在50年代中期幾無可能，但包玉剛不畏困難，終於把信用狀拿到手。

前途談判 聯滙誕生

第三章

1982-1984

引言

1983年夏天，中英就香港前途的談判陷入僵局，港元對美元大幅貶值觸發港元危機，政府決定實施聯繫滙率。從歷史的角度來看，聯滙制度從誕生的第一天起，就與香港的回歸及平穩過渡結下不解之緣。

在面對貨幣信心危機及多家銀行是否穩健的疑慮下，港府在83年10月15日公布，以穩定港元滙價為目的，將港元按7.80港元兌1美元的固定滙率，進入與美元掛鈎的時代。當年參與制定聯繫滙率的金融管理局總裁任志剛和有「聯滙之父」之稱的經濟學家祈連活 (John Greenwood) 接受本書訪問，回顧了聯滙誕生的背景、兌美元7.8到底如何「定價」，以及他們如何評價聯滙制度的成敗。

對於這一影響香港財金體制至為深遠的制度，《信報》當年除了作出大量報道及專家學者評論外，社長林行止的《政經短評》，多年來一直對聯繫滙率作出詳細分析和批評；至今為止，聯繫滙率仍是《信報》跟政府長期爭辯最激烈的議題之一。

82 年港元大貶值

港元早年曾與英鎊掛鈎，至1972年6月，當年英國政府決定讓英鎊自由浮動，港元改與美元掛鈎，最初5.65港元兌1美元，並於1973年2月改為5.085港元兌1美元。1972年6月起，發鈔銀行可用港元購買負債證明書。1974年11月25日，由於美元弱勢，港元改為自由浮動。

港元自由浮動期

早年的香港屬於典型由出口帶動經濟的地區，由於世界經濟不景，加上來自新加坡、台灣及南韓的競爭十分激烈，本地的出口商苦不堪言；在滙率自由浮動的情況下，港元升值後，香港的競爭對手可在滙率上佔優勢，香港出口商又無招架之力，令香港出口業陷入重重困境。

當時已有意見指出，政府決定將港元浮動極為不智，港元變相升值，勢必使本港製品出口價格提高，削弱競爭力，部分本港銀行持有大量美元亦會招致幣值貶值的損失。香港外滙銀行公會曾經在一周內兩度減息，以阻止熱錢繼續流入作投機性買賣。

當時有銀行業界人士認為，以本港的的工商業陷於低潮，港元不應如此堅挺，相反，政府應將港元貶值，而幅度約為2%，以適應美元價格的低跌，此舉可對本港製造工業的出口有利，亦是以本港的整體經濟前途着想。

儘管港元浮動在最初兩年運作頗為順利，但其後情況卻不甚理想。究其原因，是當時貨幣政策尚在發展初階，仍難

港元浮動最初兩年運作順利，但其後情況卻轉壞。

取代以外國貨幣價值來定位的貨幣架構，加上政府又沒有明確的貨幣政策目標。

香港經濟這個時候逐漸步入動盪期，多項經濟環節均出現大幅波動。實質本地生產總值增長率在1975年跌至0.3%，在1976年卻竟升至16.2%；通脹由1975年的2.7%大幅攀升至1980年的15.5%；港滙在1981年為5.13港元兌1美元。

1982年中、英兩國就香港前途問題展開談判，政治氣氛轉趨緊張，社會上各種猜測及傳聞甚囂塵上，觸發了港人的信心危機，紛紛拋售港元資產，搶購美元及其他外幣資產；部分外資公司也陸續將資產撤離本港，加上一些人利用信心危機投機，都加劇了港元貶值的壓力。

中英談判導致信心危機

1982年9月英國前首相戴卓爾夫人往北京會見鄧小平之後在人民大會堂前摔倒，被解讀為中英兩國政府針鋒相對，戴鄧之會不歡而散，緊張的氣氛於是觸發了第一次

1982年9月，中英兩國因香港前途問題談判不歡而散，觸發港元大幅貶值的危機。圖為中國領導人鄧小平（中）與英國前首相戴卓爾夫人（右）會面。

1983 年 10 月 17 日，政府決定推行聯繫滙率，左為時任財政司的彭勵治，右為經濟司翟克誠。

港元風暴——9月20日，港元兌美元滙價還在6.10的水平，但半個月後（10月5日），滙價已跌至6.70價位，跌幅達10%。

中國每年自香港賺取的外滙佔總數四成，港元貶值一成，中國外滙收入也就減少4%；加上其他以港元計價的中外商業合同，損失數字也就更大。

不幸的是，中英雙方沒有好好總結第一次風暴的成因，反而變本加厲地進行「罵戰」，為第二次風暴創造條件。

中國銀行香港分行負責人蔣文桂82年底在北京作了一次香港經濟滙報，主要是找出第一次港元風暴的底蘊，而蔣文桂的結論是一分為二——經濟因素是世界性的搶購美元潮，其次則是英國政府在耍手段。

83年2月，港府發表下年度財政預算案時，宣布撤銷外

聯繫滙率令港元和美元結下「不解緣」，
左為金管局總裁任志剛，右為美國聯儲
局主席貝南奇。

幣存款利息稅，財政司彭勵治解釋說，政府希望進一步發展香港成為亞洲金融中心，吸引存放在外地的美元流回香港。其後雖然證實這項措施奏效，但由於政府實施取消外幣存款利息稅的同時，並沒有撤銷港元存款利息稅，中方就以此作為英國耍手段的鐵證。

83年初港滙每況愈下，至5月中，港元兌美元電滙價跌破七算，創下新低，蔣文桂遂透過署名文章，公開要求港府取消港元存款利息稅，以穩定港元滙價；這篇「綱領性」文章可算是中國銀行給港府的「第一份通牒」，但文中完全沒有提及信心問題。

港元風暴與香港前途有着密切關係，已是不爭的事實，而其觸發點，則源於中英會談進度欠佳，雙方遂借助「外力」，以加強自己在會談場內的談判實力。香港因而上演

了多幕明爭暗鬥的真實政治劇（1984年10月《信報月刊》第91期文章《榮耀全歸鄧小平的香港前途談判》曾作詳細分析）。

金價暴升港滙急跌

1983年9月22日是第四回合會談首天會議，按例仍由英方先行提出要求。當英方重提「主權換治權，港督仍由英國委任」的立場後，中方拒不接受。新華社於即日從北京發出報道，引述中國法學家張友漁的談話，再度批評英方的談判態度。報道引述張友漁說：「我國在1997年收回香港主權合理合法……企圖延長英殖民地統治主張絕對不能接受。」

中國傳播媒介連番報道態度強硬的批評言論，明顯指出中英會談進展欠佳；加上9月23日中英雙方就會談發表的新聞公報，欠缺「有益」及「有建設性」等正面形容詞，敏感如港人者，又怎會沒有反應？我們只要看看當時的港滙走勢，便可對港滙走勢加深認識。

1983年9月16日以前，港元兌美元徘徊在7.83水平，但自9月17日開始急跌，17日跌至8.00，19日跌至8.40，23日進一步創8.85低價，24日更是港人難忘的「黑色星期六」，港元兌美元急瀉至9.60，並直逼十算關口！當日外滙市場僅上午開市後短短三個小時，港滙指數即下挫五點五個百分點，為有史以來在一個交易日內最大跌幅。同日，港金也暴升，半日之間，竟然每暴升420元。

加息三厘支持港元

但這股狂潮並不止於此，在美元和金價暴升、港滙則劇跌的陰影籠罩下，人心惶惶，銀行固然出現手持「紅簿仔」的人龍，商人也即時把貨物價格調高，把港元暴跌帶來的損失轉嫁給消費者。普羅大眾為了保障手上港元的購買

力，於是爭相往超級市場搶購食糧和雜物，一時間，超級
市場人頭湧湧，一般商人恐防貨物售出後不能以同樣價格
補回存貨，於是拒將新貨補回架上，弄致不少超級市場貨
架「空空如也」。而在油麻地的一間超級市場外，更有一
些買不到東西的群眾憤怒地用腳踢鐵閘，騷動大有一觸即
發之勢。

「黑色星期六」後，有一個下午及翌日的假期作緩衝期，
使政府有一天半時間安排對策。首先，在美國休假的財政
司彭勵治急急返港，星期日傍晚政府新聞處亦發表聲明，
引述港督尤德談話，呼籲「人們應拒絕聽取危言聳聽的閒
言閒語」。

星期日晚上，在中方一致批評港府為求增加談判籌碼，大
打「經濟牌」的背景下，港府發表聲明，表示署理財政司
現正重新檢討發行港元的辦法，可見在重重壓力下，政府
終於撤回十天前的話：「沒有政府能夠控制自由市場的走
勢，這是國際公認的。」

9月26日（星期一），銀行公會緊急宣布加息三厘支持港
元滙價，連串措施終於使港元回穩，當日的港元滙價由兩
日前的9.60高峰，回落至8.40價位。一場可能發展成災
難性風暴的危機，總算暫時平息；經此一役，會談形勢亦
有新變化。

9月25日港府發表報告，宣布當局正在「積極制訂」一項
新的穩定貨幣政策，強調會以港幣的完全可兌換性作為基
本前提，意味對「貨幣發行機制」將進行重大改革，以便
「產生一種能更準確反映基本經濟實力的滙率」；更表明
任何人在香港交易，若使用外幣支付均屬違法。

這份公告產生了穩定人心的作用，9月26日港元兌美元滙
價反彈至1美元兌8.40港元。《信報》在當天亦報道了有
關消息：「接近港府消息人士昨天向本報記者表示，恢復

固定滙率後，外滙基金對港元將發揮更大的調節作用。換言之，對港元滙率干預能力將更大，與目前只透過直接與間接干預貨幣市場的做法，略有不同。」

1983年10月18日，《信報》以頭條報道聯繫滙率推行當日的混亂情況。

任志剛：7.8 的「魔術數字」

在聯繫滙率未「定名」前，「指導性滙價」一詞曾多次出現，初見於9月27日的《政經短評》：「外幣滙價，由雙方『根據本港的實際經濟表現來釐定』。這種滙價，我們姑且稱之為『指導性滙價』，因為在政府的構思中，此一官定滙價對自由市場有一定『指導』作用。」

儘管不盡同意政府當時的做法及理據，但《政經短評》仍客觀地指出：「港府已在設法中止港元滙價出現不規則走勢，亦是不容抹煞的事實。加息或實施『指導性滙價』等不可能扭轉港元疲弱趨勢，但它清楚告訴大家，港府打的『經濟牌』，目的不在摧殘而在扶持港元！」

76年開始建議改革

事實上，港府當時正積極考慮多個穩定港元的方案，其中最廣為人知的，是由有「聯滙之父」之稱的經濟學家祈連活所提出的三項堵塞貨幣制度弊端的改革建議，涉及實施控制貨幣供應的政策，及通過改變發行紙幣的程序，令港元滙價的變動受制於本港的收支平衡。

現任職景順集團首席經濟師的祈連活在接受本書專訪時，憶述了如何構思這個影響香港貨幣制度至今已25年的聯繫滙率。

「在1981年末至1983年中，港元由每美元兌6元急速貶值至7.5元，更在1983年9月暴跌至最低近10元水平。基本原因是在1974年11月，本港貨幣政策改為自由浮動後，港元便一直失去了對外倚靠(external anchor)，同時亦沒有內部支撐(internal anchor)，因貨幣管理機構當時未獲授權去管控金融體系內的貨幣。」

有「聯滙之父」之稱的經濟學家祈連活，早在76年已倡議改革香港貨幣制度。

中英兩國簽署聯合聲明的歷史一刻。

「適逢1981年英國前首相戴卓爾夫人到訪北京後，本港
出現龐大資金流出，加上中、英兩國就香港前途談判在
1983年陷入僵局，都令港府無法阻止港元急速跌勢。」

祈連活表示，他早在1976年已開始剖析香港貨幣制度，
更在自己出版的雜誌 *Asian Monetary Monitor* 刊出了相關文
章，嘗試去建議政府改革當時的制度，但都不成功。直到
1983年9月，他的意見才開始受到重視。

「部分原因是因為當時香港貨幣已接近嚴重崩潰，促使當
局無法不作出反應；另外，我的新建議已不再從頭到尾的
要改革既定的獨特貨幣制度。簡而言之，銀行仍會參與發
鈔，並由銀行負責結算，只是發鈔機制會有改變。」

祈連活表示，在他最近出版的書 *Hong Kong's Link to the US
Dollar: Origins and Evolution* 中，解釋了早期對金融制度
的改革建議，以及最終為何不被當局接納。政府最終在
1983年10月採納了有關建議，而他亦因此獲當時的財政
司彭勵治致函道謝。

「由於港元在傳統上早已跟英鎊掛鈎（1935年至1972年），及後又曾改與美元掛鈎（1972年7月至1974年11月），直至改行自由浮動。故此，在1983年為了要使港元再次穩定起來，與美元掛鈎便不是困難的選擇。當時，美元在亞洲仍是最重要的貿易貨幣，而美國同時亦是本港最主要的貿易夥伴之一。

「當時有批評聯滙的意見認為，任何固定滙率都會被市場力量迫得變動。可是，他們卻不明白，只要香港一日仍維持高度彈性的薪金及價格，本地銀行及公共財政又持續強勁，以及有能力在必要時重整本身經濟的話，則整體經濟便會因應聯滙調節過來，聯滙制度卻不需要適應經濟。

「事實上，這情況一直維持到今天。對規模小而對外開放、又有龐大貿易額及資金流的經濟體系像香港，維持固定滙率是無往而不利的，唯一問題是要固定在什麼地方。」

然而，固定在每美元兌7.8港元的「定價」，卻較具爭議性。祈連活說，這並非他的建議，而是政府的選擇——正如財政司彭勵治所言，到了最後是一件關乎「準確個人判斷」的事。「不過，即使當時是選擇固定在7.8元或8元水平，相信分別也不會太大，結果還是會一樣。」

聯繫滙率決策過程

到底當年在市況極度波動的日子，政府是基於什麼原則和標準，把港元兌美元定於7.8的滙率水平？為了解港府設立聯繫滙率的經過，本書訪問了金管局總裁任志剛，他憶述有關1983年前後政府設立聯滙的種種往事及決策過程。

任志剛表示，無論內部研究，還是國際貨幣基金組織的研究，都希望香港的滙價水平不會跟本地的經濟基調脫節，

不會高估或者低估得太厲害。但7.8這個「魔術數字」，卻並非依照一個完全科學化的依據找到的。

「因為當時所發生的事變化實在太快，我們在1982年、83年研究了最適合實際情況又最配合經濟基調的滙率水平。當然6點多也好，7點多也好，但實際上當年市場港元兌美元已跌至9點多了。確定的時候就要選擇，選擇不可以離開市場太遠，也不可以離開經濟基調應有的水準太遠。在中間有一個數字，但不是依照一個科學化的依據來找到這個數字。有很多人說7.8是好意頭。

「到現在來說，實際上7.8的滙價對經濟活動沒有影響，因為當你確定了滙率水平之後，整個經濟調整都要配合這個水平。當然在進行經濟調整的時候會有經濟波動，但不可以用滙價作為調節，只能以經濟活動配合滙價。但是如果經濟是富有彈性的，有足夠調節機能的，那麼調整的過程不會太痛楚。」

任志剛認為，其實當年香港貨幣和金融界有一個很大弱點，就是沒有能力控制貨幣的價格或供應。當時這個功能是由一家銀行來做，就是滙豐銀行。最後結算者和控制貨幣的能力在個人（銀行家）手上，而不在政府或機構的手上。

「所以，當時沒有辦法實行宏觀金融政策，例如基礎貨幣的價格或者基礎貨幣的供應，政府是完全沒有辦法影響的。整個貨幣和金融制度就好像沒有錨一樣，那種情況是很差的。當時對港元的前景和對香港前途的信心很疲弱。在1982年及83年，大家都記得，當時美元兌港元滙價降至9.6元。1983年9月22日、23日這兩天之內貶值了15%，但是政府完全沒有能力穩定情況。

「在貨幣制度的理論上，先要搞清楚貨幣制度的目標是什麼？要穩定滙率，又要穩定價格水平，都需要對基礎貨幣

有一定影響，影響它的供應或價格。在考慮到運用一些手段來解決，反覆考慮之後，就是用聯繫滙率制度。

「有關基礎貨幣的部分，就是發鈔的價格以一種外幣作為指標，發鈔和回收鈔票都跟1美元兌7.8港元滙價掛鈎作為價格的控制。

任志剛強調，穩定貨幣制度令市民對政府重拾信心。

「當時不敢奢望我們有這個能力去控制香港基礎貨幣的供應和價格，但是當有發鈔安排的時候，就可以為港元滙率帶來一段時間的穩定。大家都記得1983年之後，我們將貨幣制度作了很多改善，慢慢恢復了控制基礎貨幣的能力，1996年各家銀行向金管局開結算戶口，開始比較全面的控制，比如說我們在1998年實施兌換保證，後來將兌換保證變成雙向的兌換保證，一直都在改善。

「其實有一個很清楚的精神，就是貨幣管理當局是需要控制貨幣基礎的價格或者供應的水平。我們控制了價格，價格的定義就是滙率。當時1983年的情況是很差的，完全沒有控制，通脹一直高企，貨幣貶值又厲害，大家都失去信心，甚至走去超級市場排隊買廁紙。

「大家翻翻當時的報紙都能看到，當時大家都失去了信心。現在經歷了差不多25年，聯滙制度讓大家對我們的貨幣有一定信心。當然也有很多人說，當美元弱的時候又怎辦？大家都沒有忘記，在80年代中期，美元有一段很長時間都很弱，拖累港元及其他貨幣也走軟。但是貨幣弱的時候，也對競爭力有幫助。」

《信報》初期對聯滙不樂觀

聯繫滙率公布前夕，港元投機活動已差不多結束，港元兌美元滙價逐漸穩定在8.15至8.80港元的區間內。

1983年10月15日星期六，港府宣布了兩項措施，首先

由 1983 年開始，香港實施聯繫滙率以 7.8 港元兌 1 美元。

是取消境內存款應收利息預扣稅款，以增加對投資者的吸引力；其次更重要的，是改變港元發鈔機制，終止自1974起的自由浮動，改行與美元以7.80港元兌1美元掛鈎的聯繫滙率制。

「香港的聯滙制度可以說是貨幣發行局制度的變種，港元發鈔要有100% 外滙發行準備的『規定』。與此同時，港元擁有兩個內在的自我調節機制，一是通過貨幣供應影響利率及物價，最終令滙價回穩；二是銀行間的套戥及競爭，使市場滙率趨向官定滙率。祈連活曾經說過，聯繫滙率機制最妙之處，就在於其能夠自動調節。」

聯繫滙率公布翌日，香港大學經濟學教授饒餘慶在《信報》指出，雖然他原則上贊成政府的兩項穩定港元措施，不過實施效果可能會導致信貸收縮，迫使利率上揚。

根據饒餘慶的分析，如果港人對前途保持信心，有理由相信政府的措施可以成功地穩定港元。但若本港信心明顯下降，拋售港元壓力會導致港元在商業市場的滙率與外滙基金出現很大息差，即持牌銀行可以1美元兌7.8港元的滙率向外滙基金兌換，但一般市民只能獲較低滙率對兌，這會考驗政府建議的可行性；而新措施本身仍未足夠，故認為需要其他輔助方法。

《信報》當時計算出在實行『指導性滙率』後，若根據1美元兌7.8港元這個滙率，截至1983年10月13日的股市市值，則會略為上升至164億美元，比根據當時滙率的轉換上升6%。

對實行「指導性滙價」，《信報》仍表示不樂觀的。「政府必須傾全力將自由市場滙價維持在7.8水平，時間不可短於三個月；更好的辦法是聲明7.8是港元的最低價。」又形容港府的決定是一項孤注一擲的大賭博，賭注是一百四十多億支持紙幣及硬幣的外滙基金。（《政經短評‧許升不許貶的指導性滙價》，1983-10-17）

港府希望藉聯繫滙率挽救市場對港元的信心，《信報》對此卻持不同意見。林行止的《政經短評》認為：「近來港元疲不能興的根本原因是港人對港元缺乏信心，而美元是最方便的外幣，因此兩者強弱之勢分明；政府公布『指導性滙價』的用意在穩定港元滙價，但單憑這個『方案』，港人不會對港元恢復信心。」（《政經短評‧港元問題麻煩未了》，1983-10-19）

穩定港元付出代價

到了1983年10月18日，本港大部分銀行對美元的公開買入價，都高於7.8港元，顯示市場未能了解這個機制的操作，商業銀行的損失亦開始浮現。

中國銀行香港分行負責人指責港府採取的穩定港元措施，存在「不合理」的地方，使發行紙幣銀行以外的其他商業銀行蒙受損失，又透露港府事前沒有與中國銀行和其12家兄弟銀行討論過上述措施。

副金融司黎定得（Tony Latter）在當日《信報》的訪問中表示，穩定港元須付出代價，「雖然不能改變人們對香港前途的信心，但起碼人們憂慮前景的同時，不用更擔憂港

當年的副金融司黎定得表示，指導性滙率較為適合本港的情況。

元日跌所立刻產生的通脹壓力……信心問題不再是左右港元滙價的主因。」他又強調，在別無其他更佳選擇之下，指導性滙率是較為適合的措施。

事實上，在聯繫滙率實施初期，資金外流的壓力從滙率轉向利率，銀行同業拆息利率曾飆升至41厘的高位，但緊縮效應很快使資金由流出轉為流入，並使利率逐漸恢復至正常水平，當然也受益於中英談判再度順利展開，市民信心開始恢復，以及香港經濟開始好轉。

然而，《政經短評》指出實行聯滙的漏洞，在於當時同業拆息利率高於優惠利率一倍，同業市場的功能已喪失殆盡。「由於『指導性滙價』定為7.8港元，因此，只要自由市場滙價在7.81或以上，在同業市場拆入資金存入滙豐或渣打變成現鈔後向政府購買美元，已有微利。」評論指若這種情況持續下去，本港工商業界的經濟狀況真的不堪設想。「在這種情形下，對工商界的信貸就不免要大幅度收縮了，一來借予同業的穩定性遠勝借給工商業，二來工業界很難負擔高利率。」（《政經短評‧同業拆息高企的原因》，1983-10-20）

在聯繫滙率面世四天後，美滙終跌破7.8港元大關。當時港府認為，滙價平穩將會恢復對港元的信心，但強調即使是這樣，政府仍無意在短期內廢除聯滙制，因為港元與某國貨幣或若干種貨幣掛鈎，可避免因各種問題所引致的外滙波動。

《政經短評》認為，港元滙價稍強是憑藉被人為地扯高了的利率的撐持，而不是人們對港元恢復信心，故此港元問題的麻煩絕對未成過去。（《政經短評‧利率高企港元轉強》1983-10-21）

爭辯不休的聯滙制度

任志剛表示，要界定一個貨幣制度適合與不適合，要多觀察一段時間，如一個經濟周期。要從長遠來看，才可以看得到那個適合性。

「香港過去25年不是太差，當然每一個制度都不可能十全十美，每一個制度都有它的代價。實行聯繫滙率制度或者任何一種固定滙率制的代價，都是沒有一個主動權去實施貨幣政策，去影響當時的經濟或者通脹水平。不實行聯繫滙率的代價是會帶來滙率波動，在全球大量資金流動的情況下，可能要承受各種負面影響，你要衡量哪方面更重要。

美好的二十五年

「另一方面，你不可以假設一個浮動的滙率環境之下，你可以有自己的貨幣制度。在一個外向型的經濟體系之下，你不可能成功實施自己的貨幣制度。在其他的地方，例如新加坡有彈性滙率，是不是可以令她的通貨膨脹保持在一個很低的水平呢？應該不會。因為全世界的通貨膨脹開始高漲的時候，一個外向型的經濟體系是不可以獨善其身、免受波及的。滙率大幅波動可能會為金融穩定帶來很多風險，那你就要衡量哪種制度對總體的經濟發展有利了。

「我仍舊覺得香港外向型的經濟體系是依靠外圍，自己控制貨幣目標，比如低通脹的目標，不是那麼容易成功的，負面的風險是很大的。現在全世界的流動資金其實很多，巨大的波動性使資金來得快、去得快，不是那麼容易保持穩定。但是我們有聯繫滙率制度之後，雖然經歷了盛衰周期，或者出現了資產泡沫，但是總體來說，香港是經歷了一段美好的25年。」

經濟學家祈連活指出，當人民幣可自由兌換時，政府才可考慮把港元跟人民幣及美元一同掛鈎。

「聯滙之父」祈連活則認為，香港若放棄對外倚靠（聯滙制度）的話，不會是個明智的決定。除非能有一個內在支持（例如通過一個管理資金及信貸增長，進而控制本地通脹的機制）。

放棄聯滙的可能性

「唯一可見放棄聯滙制度的情況，依我看，一個可能性是如果有一天香港對外倚靠美元變得極不適合，又或者第二個可能性是，假如政府確信由內部支持，對香港未來的貨幣穩定是最佳選擇。但無論如何，最重要的是港元能有所支撐、倚靠，切忌回到1974年至1983年，當時既沒有外在倚靠，也欠缺內在支撐。

「對於第一個可能性，美元現在仍是亞洲區內主要貿易貨幣，而美國經濟亦主導了全球的商業周期。再者，美國通脹目前尚算溫和，亦有可能就這樣維持。總而言之，美元目前對香港而言，仍是最好的貨幣掛鈎對象。假若人民幣真的完全地（及永久地）自由兌換，而中國經濟對全球商業周期的重要性，有一天能超過美國的話，則可視人民幣為港元對外倚靠的可能（或局部）對象。

「部分經濟學者曾倡議將港元與一籃子貨幣掛鈎；但從來卻只有極少數的『籃子』是完全透明的，大多內容更時常不見披露，好比新加坡，又或是隨意改變『籃子』內的組合。我唯一願意考慮的『改變』是50% 美元、50% 人民幣的聯滙制度，但亦只有在人民幣可完全地自由兌換之後。」

祈連活認為，在過去25 年，本港採用聯滙制度對穩定經濟而言，已是一個可行的選擇。

「在1983 年，本港的貨幣體制仍處於雛形，只建基於內在支撐，故需要一個廣泛的貨幣制度改革（例如成立中央

《政經短評》論聯滙衝擊

《政經短評》在港元與美元掛鈎公布前一周，先後發表了五篇以《先苦後死的貨幣設計》為題的評論，從多角度剖析這個重大「政經決定」。當中更不乏生動的例子。

1983 年10 月7 日《政經短評》認為，當局實行祈連活式的建議之後，香港經濟將從1980 至1981 年度的過熱驟降至零度以下，作個粗俗的比喻，這有如驅使穿游泳裝的香港人到北冰洋游泳──它所引起的衝擊，大家是萬萬不可掉以輕心的。

「物業市道會進一步下跌，雖然物業價格因供求關係的逆變而回順，但由於信貸難求，或利率高漲，一般人收入下降，買家心有餘而力不足，是必然的；另一方面，物業發展商除非沒有銀行負債，不然在利息負擔增重之下，必須『債務重整』的會愈來愈多，已在『債務重整』的生存機會則會愈加渺茫。至於股票市場，將成為套現場所，其作為資本市場的功能，已慢慢消失，高利率緊銀根吃掉了公司大部分利潤，股價乏善足陳，是自然不過的了。」

（《政經短評‧止當候贖百業蕭條》，1983-10-08）

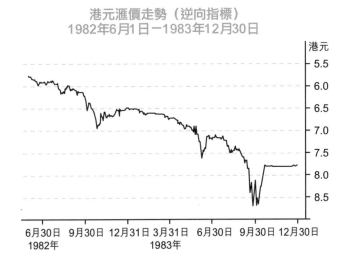

港元滙價走勢（逆向指標）
1982年6月1日－1983年12月30日

港元

5.5
6.0
6.5
7.0
7.5
8.0
8.5

6月30日　9月30日　12月31日　3月31日　6月30日　9月30日　12月30日
1982年　　　　　　　　　1983年

《政經短評》論聯滙之害

「在當前的制度下，比如滙豐股價八港元，而美元兌港元亦為一比八，則一股滙豐可換一美元；如果美元上升至兌十港元而滙豐股價不變，每股滙豐就只能換回美元八角。當『指導性滙價』實施的時候，假如自由市場美元兌港元為一比八，因為利率上升信貸收縮經濟全面蕭條導致股價下瀉，滙豐亦不能倖免，滙豐股票所能兌換的美元亦相應減少。物業套現的情況更難⋯⋯總而言之，所有以擁有美元為目的投資者，不管持有的是股票或物業，都是這種制度下的受害者。」

（《政經短評・釜底抽薪港資萎縮》，1983-10-11）

「『指導性滙價』是貨幣學家的思想結晶，可惜他們沒有將政治後果一併考慮；但港府則不可能不細想這方面的問題。事實上，這根本就是本末倒置的做法，因為設法讓經濟走上繁榮之途－香港的例子告訴我們，政府管得愈少經濟愈易繁榮，這才是政府的首務；以行政手段操縱港元滙價，不僅經濟弊端叢生，在我們當前特殊情況下，對港府更是害多於利。」

（《政經短評・政治後果對港府十分不利》，1983-10-12）

銀行、要求銀行在中央銀行內維持戶口，以及銀行業內的結算系統等），但政府當時未曾作好準備，特別是中、英兩國正就香港前途進行談判。所以，聯滙是當時少數選擇中的最好選擇。

「當然，今天情況已十分不同，香港的貨幣制度已發展得比以前精確得多，要倚靠內在支撐的話，在技術上已可行，儘管某些改動還是有需要的。但話說回來，問題依舊存在：香港地方細小，具備開放式經濟，資本市場又十分活躍，怎樣才算是最好的貨幣政策呢？假如答案是固定滙率，而港元又要與能夠主導全球商業周期的主要貨幣掛鈎的話，現行聯滙制度仍然會是香港最好的選擇。

「不過，香港並沒有錯失過任何『脫鈎』，又或與人民幣掛鈎的機會。我們不應低估人民幣變成可完全兌換所需的時間；依我看來，相信這會是多年以後的事了。根據《基本

Shanghai Banking Corporation Limited 1000

上海滙豐銀行有限公司

o pay the bearer on demand at its office here

THE THOUSAND

HONGKONG DOLLARS

憑票即付

港幣壹仟元

承董事會命

By order of the Board of Directors

SPECIMEN

ZZ053501

GENERAL MANAGER
總經理

HONGKONG 1st SEPTEMBER 2000
香港二〇〇〇年九月一日

金管局總裁任志剛表示，在2047年前除非《基本法》日後被大幅修改，否則難以指望人民幣會取代美元地位。

法》，港元作為本港法定貨幣的地位不變，而香港在直到2047年前，在金融方面可一直維持自主。若要把港元撤換成人民幣，金融自主將難免嚴重受損。故此，在2047年前，或除非《基本法》日後被大幅修改，否則，很難指望人民幣會取代港元。」

雖然爭論不息，但自1983年聯滙實施以來，港滙面對外來震盪總算保持穩定。經歷1987年全球股災、1990年波斯灣戰爭、1992年歐洲滙率機制危機、1994至95年墨西哥貨幣危機，以及1997至98年亞洲金融危機，多年來聯滙制度仍然未受到動搖。到了1997年的金融風暴，多個亞洲國家的貨幣受到衝擊，紛紛放棄聯繫滙率，惟獨香港堅守聯滙。

(本書第七章亦有詳論聯繫滙率於97年亞洲金融風暴擔任的角色。)

《政經短評》論聯滙與消費

「從煙商的加價過程，我們清楚看出，零售商今次若能將滙價因素完全加在貨價上而銷路一樣不惡，可見香港人消費力仍很強，進一步，煙商會再將煙稅未加部分，再加在煙價上……當港元滙價下跌物價上升而銷路不減時，在經濟線上，香港政府實在沒有什麼值得憂慮；在港元滙價下跌而物價不升反降時，我們才算遇上真正的麻煩！自由市場告訴我們許多寶貴的事實，我們沒有理由要將它扼殺的。」

(《政經短評·從煙價調整看市場力量》，1983-10-13)

訪談錄：任志剛談香港作為國際金融中心的條件

金管局總裁任志剛認為香港絕對有能力成為國際金融中心，他在以下的訪談中，再強調香港最獨特的優勢是成為國際間跟內地的一道溝通橋樑。

1： 你覺得現在香港要保持一個國際金融中心的位置，最需要哪些條件？

任：有很多，比如法治、自由經濟，很多都是非常重要的。但是有個關鍵，大家要了解，《基本法》內寫清楚香港要保持國際金融中心地位。國際金融中心就是資金融通的中心，就是在國際層面的資金融通地方，國際集資者和國際投資者碰頭的地方。

要保持這個國際金融中心地位的話，一定需要外地的集資者和投資者來香港，利用香港的市場。現在我們的勢頭非常好，一方面有許多國際投資者都很有興趣跟內地的集資者和投資者碰頭。內地的金融市場仍然有管制，還沒開放，那麼香港就給彼此提供了一個碰頭的地方。所以，我們要掌握現在的勢頭，掌握得天獨厚的環境，繼續推動，扮演更重要的角色。在過去一段時間，金融管理局也好，特區政府也好，都很努力地推動香港作為內地和國際集資者和投資者碰頭的地方。

要做到這一點，我們一定要有一個策略，讓香港的金融制度跟內地的金融制度在一國兩制之下進行互動。現在有很多具體的建議，比如怎樣令更多內地資金和金融機構可以來香港，多打開一些門，多打開一些管道，就可以保持香港金融中心地位，這樣對國家也是好事。為國家的資金融通提升效率是很重要的，當內地的供求力量和國外的供求力量互動的時候，市場的「量」是會比兩個市場各自運作來得大的。

現在內地市場發展愈來愈快,這麼大的一個市場,如果是一個可以互動的市場,將可以跟歐美市場抗衡。但是有一個重要的政策考慮,就是一定要將香港的市場和金融制度,跟內地的金融體系搞一個「三互關係」,即互助、互動、互補。如果這個「三互關係」成功,香港作為國際金融中心的地位就可以得到保障。一定要把內地和香港放在一起來看,才是關鍵所在。

2: 「三互關係」如何才能夠發揮作用?

任:三互關係是有歷史的,我認為在「十一・五」規劃內,仍未能充分反映出香港的重要性,沒有寫清楚怎樣利用香港開放的國際金融中心優勢,為國家發展作出貢獻,所以行政長官召開了一個高峰會議。高峰會有幾個研究報告,其中一個是關於金融領域的研究報告,其中提到一國兩制之下,兩種金融制度應有的關係,在這裏就用了「三互關係」,即互助、互動、互補。

報告有八十多個具體建議,報告出來之後就送交了中央。然後在2007年年初,內地召開了全國金融工作會議,溫家寶總理就用了這個「三互關係」,其實是由我們提出,內地接受了其重要性。

只要環顧世界,沒有一個國家有兩種金融制度可供利用,這個優勢一定要好好發揮。

3 ： 人民幣的因素出現後，對香港的影響會怎樣？你覺得人民幣離岸中心在香港是否可行？

任：我覺得是可行的，非常可行。這個是有需要的，稱它為什麼都可以。人民幣是國家的貨幣。現在中國已經是全世界第三大貿易國、第四大經濟體系，她的貨幣會慢慢成為國際貨幣，甚至成為一種儲備貨幣。

香港作為一個國際金融中心，我們處理用人民幣作為交易單位的金融活動能力一定要提升。當然，在香港的人民幣金融買賣，要與內地的政策相配合，要推動人民幣業務發展。譬如人民幣債券方面，要慢慢一步一步來，因為內地開放人民幣市場還有很多事情要考慮，最重要的一點，就是要考慮金融穩定。如果開放得太快，對內地的金融穩定當然不好，應該理解內地的考慮；全球金融的變化，都會令領導人擔心，這是可以理解的。

國家的貨幣前景是好的，變成國際貨幣和儲備貨幣是完全有可能的。香港作為國際金融中心，一定要令人民幣作為交易貨幣的能力提升，我們已經具備這種能力，現在人民幣即時支付系統和港元、美元、歐羅的即時支付系統並列，做買賣隨時都可以即時支付。

4 ： 離岸中心的說法，是否香港其中的一個發展方向？

任：離岸中心只是一個名字，你可以看成是香港作為國家一個境外的自由市場，可以將它作為一個開放人民幣市場的試驗場地。當你作為試驗場地的時候，當然你可以將它當作是一個離岸中心。我們的遊戲規則跟內地不同，在這樣的一個自由環境之下，怎樣將人民幣的各種交易以香港作為一個試驗場地，對內地和香港都是好事。

5： 內地是否仍然會借助香港作為一個通往國際的管道？內地是不是很急切開放資本賬？

任：香港作為一個管道，它的角色是非常清楚的。但內地是不是需要急切開放資本賬，這就見仁見智了，因為發展得太快會帶來風險。根據現在內地宏觀金融狀況來看，你很有可能得到的結論，就是開放資本賬是一個正確選擇。你看到內地有很多領導人推動資金有序流出，例如內地可以以個人名義對外投資，用什麼形式都好，QDII也好、港股直通車也好，甚至你自己有外滙自己可以走出去，選擇自己的投資，有許多做法；最關鍵的是內地希望這個過程是可控及漸進的。

6： 資本賬開放之後，會不會影響香港？

任：一定會影響到香港，要看是什麼影響？怎麼影響？當然是好的影響，屆時香港就可以真真正正扮演國際金融中心的角色。內地的資金流出境外，我不介意流向國際其他地方，如果全部都流入香港可能更麻煩，因為香港沒有足夠的資產吸納這些流入的資金。但如果是流經香港，讓香港作為一個中介角色，令內地跟境外資金融通進行連接，我們就可以達到作為國際金融中心的目標。

港股直通車為什麼要流向一個城市、一家銀行或一個市場？人民銀行行長周小川都提出這樣的疑問，其中可能有一些政治考慮也說不定。但是我覺得，比較重要的是怎樣令資金有序地流出。

7： 有一種說法，是香港還沒有達到國際金融
中心的地位，你是否同意這種說法？

任：我完全不同意。我先闡述什麼是國際金融中心的定義。國際金融中心的意思是集資者和投資者都是國際的，不是本地的。如果用這個作為國際金融中心的定義，倫敦、紐約都是比較國際化的，但是沒有一個像香港這樣國際化，香港的國際金融中心的地位，是沒有其他地方能夠比得上的，當然你從「量」來說，內地還沒有完全開放，當然會比紐約、倫敦的交易量小。但是當內地真正開放的時候，你可以想像一下我們的前景。

國家已經是第三大貿易國、第四大經濟體系，在不久將來排位再上升的時候，香港自然會受惠。

香港聯合交易所有
THE STOCK EXCHANGE OF HON

四會合一 股災翻天

第四章

1985-1989

引言

中英兩國經過漫長的談判，直至 1984 年 12 月 19 日終於簽署《中英聯合聲明》，香港局勢回復穩定，外資開始重新湧入港股。1984 年底，恒指重上 1000 點，升勢持續至 1986 年底，恒指已升破 2000 點。1987 年港股加速上升，恒指 10 月時已升至 3968 點。不過，恒指急升也悄悄為其後股市大跌超過一半的 87 股災埋下了伏線。

在股災發生前夕，香港股市有一件劃時代的大事，就是四家交易所合併，成立了新的香港聯合交易所，從此企業掛牌上市、股票交易等業務都統歸於一家交易所下。合併之後，股市成交不但迅速飆升，聯交所也引入了電腦化的自動對盤交易方式，大大提高了交易效率和股票的流動性。

但是，四會合一也暴露了壟斷股票交易的聯交所既屬「私人會所」，也身兼公共機構的身份矛盾，當 87 股災來襲時，有關矛盾便一發不可收拾，聯交所宣布停市四天，觸發另一場更大的風暴，政府也順勢推行了另一次更徹底的證券市場改革。

促成四會合一和 87 股災宣布交易所停市四天的，都是叱咤股壇多年的前聯交所主席李福兆，有關對他的功過評價，金融界至今仍莫衷一是。《信報》對於當年停市決定不以為然，提出了強烈批評，並且預測復市之後將會帶來災難後果，結果不幸言中；而接受本書訪問的聯交所首任行政總裁袁天凡，剖析了改革前的聯交所為何出事，又詳細分析了香港股市改革的來龍去脈。本書亦訪問代表金融界的立法會議員詹培忠，他對李福兆案有自己一套截然不同的看法。

四會合併組聯交所

香港的證券交易歷史悠久，交易所及證券業經歷了多次起伏，包括革命、戰爭、內亂和大罷工，香港股票經紀會和香港股票經紀協會於1947年3月合併，成為香港證券交易所，俗稱「香港會」。

四會主席於1974年一同出席記者會，左起為代表金銀會的胡漢輝、香港會的Francis Zimmern、遠東會的李福兆及九龍會的陳普芬。

不過，香港會亦被批評為專替少數富人服務。香港會當時由英國人管理，上市公司也多屬英資企業。60年代末，香港經濟起飛，市民日漸富裕，對投資股票市場躍躍欲試，華資公司對上市集資的需求愈來愈大，促成更多以華資擁有及管理的交易所開業與香港會抗衡；1969年，李福兆創立遠東交易所，正式挑戰香港會獨大的地位。到了1971年3月15日，胡漢輝成立了金銀證券交易所，俗稱「金銀會」，陳普芬則在1972年1月5日成立九龍證券交易所，俗稱「九龍會」，加上香港會和遠東會，從此四會鼎立。如果不是政府收緊條例，相信還會有更多交易所湧現。由於遠東會的規則較適合華資經紀及商界，包括交易以粵語進行，上市要求較寬鬆，其他如股份定價水平等，

胡漢輝擔任聯交所委員會首任主席。

對一般投資者都具有吸引力。在70年代經濟繁榮期間，這種營運方式可謂如魚得水，不久，遠東會的成交量已超越了其他交易所，隨即引來其他業界人士效法。

在政府「柔性」政策推動下，四家交易所終於在1974年7月同意組成聯會，就未來股票市場的發展路向和合併事宜交換意見，而香港證券交易所聯會就在這樣的背景下成立，並由每家交易所的主席輪流出任聯會主席。

分久必合的道理

香港小小一個地方，卻擁有四家交易所不但罕見，也帶來行政與監管上的困難，港府和投資者均認為四家交易所合併勢在必行。正當證券交易所聯會會員按既定程序磋商以何種方式合併及合併時間表等問題時，香港會與遠東會之間已私下接觸，並於1977年4月6日正式向外公布，表示「兩會」已達成自行合併的共識。不過，香港會及遠東會私下的「小合併」事件，最終因香港會內部分歧而告吹。

《信報》於1977年4月7日的頭版報道已指出，兩會「小合併」的機會不大：「可靠消息透露，今次香港證券交易所及遠東交易所突然提出合併並非是四會合併的先聲，這件事未曾在證券交易所聯會商討，因此頗令人感到意外，且可能醞釀交易所聯會分裂的危機。消息傳出，不久前有人向金銀會建議合併，但被拒絕後不久，就傳出香港會及遠東會合併的消息。從目前的跡象來看，金銀會加入合併行列的機會不大。」1980年7月，香港聯合交易所有限公司（The Stock Exchange of Hong Kong Limited，簡稱「聯交所」）註冊成立，為正式合併踏出第一步。1981年10月30日，香港聯合交易所舉行第一屆會員大會選出21人委員會，其中胡漢輝獲選為主席，湛兆霖、李福兆、王啟銘及馬清忠獲選為副主席。1985年，香港期貨交易所有限公司（The Futures Exchange of Hong Kong Limited，簡稱「期交所」）也正式開業。

80年代，市民投資股市已蔚然成風。

經過12年的籌備，1986年3月27日四家交易所在收市後一同停業，結束四會鼎立的時代，當日恒指為1625.94點，港股總市值約2,500億元。

四會於4月2日正式合併，寫下歷史重要一頁。財政司彭勵治（J. Bremridge）以無線電話接通交易所電腦房，宣布交易所正式運作。上午10時，聯交所主席李福兆邀請財政司彭勵治、經濟司易成禮（J.F. Yaxley）及金融司林定國（D.A.C. Nendick）等進行簡單的買賣儀式，宣布聯合交易所開始運作，並成為唯一的證券交易所，香港證券業從此進入一個新時代。

袁天凡：
四會合一易造成壟斷

袁天凡在 1987 年股災之後出任聯交所總裁，是後「四會」年代的代表人物。承先啟後，袁天凡為本書剖析了交易所演變前後的特點。

袁天凡認為，香港證券業最蓬勃的時代不是四會合一之後，而是四個會：香港、遠東、金銀、九龍會並存時。

「我覺得當時是香港證券市場一個很重要的時代，由1891至1968年這段時間，香港只得一個香港會，當然不及後來四個會好。那段時間因為有競爭而令證券買賣普及化，原來一小撮人的活動變成普羅大眾都可以參與；在那段時間，四個會之間為了爭奪生意，各出奇謀，百花齊放。

「因為四個會有競爭，大家要想方設法多做生意，這是一個發展的時代。1968至1985年四會並存的時代，就要靠自己的能力去做。香港會想稱霸一方，就會惹來很多杯葛，但杯葛永遠不會成功。

「有競爭就有衝勁，衝勁會令人向前。但四個會也有本身的問題，就是種下87股災的前因。為什麼到1985年，四個會就沒辦法迎合世界的大潮流？如果沒有那兩股世界大潮流，我覺得四個會好過一個會。我所指的大潮流，就是globalization（全球化）和科技的衝擊，四個會怎麼樣去面對？這時，問題就會出現，尤其是科技發展。

科技改變交易方式

「科技是將人非人性化、非關係化。以前沒有科技的交

四會於1986年4月2日正式合併，港督尤德主持開幕儀式。

易情況是怎麼樣的？有一個黑板，100人為長江、滙豐出市，這不是一個trading system（交易系統），而是information system（資訊系統），是提供資訊表示多少人要買多少股票。那時要真正達成交易，需要走過去雙方握手，才表示我們成交。由獲得到消息到成交的過程，最突出的矛盾就是交易對手風險（counterparty risk），對手是誰？我認識你，我知道你信用很好，大家都是香港會，我就會找你做生意，因為我知道你有錢，也有股票。

「即使在香港會內也有一個小圈子，這邊有幾個人，那邊有幾個人，直接面對面做生意，而靠科技來交易是非人性化、非關係化的。過去人與人之間的距離很近，以前交收的時候就直接拿着股票去，如果要去九龍交收，就直接去九龍。科技對這種交易的衝擊是怎麼樣的呢？用科技的時候，你要做一個order時，你是不能選的，你可能會碰上一個信用非常差的對手，這都是你不知道的。

「1985年，四會合併是有名無實的，為什麼？合併後有一個買賣大堂，有多部電腦的終端機，但這些都沒有實質意義，因為原來的一班人都很熟，仍然可以用原來的方式做生意。大家都不跟『陌生人』做交易，因為你不相信他的信用。所以，他們做生意和以前沒什麼分別。

「四會合併是討價還價的過程。其實反對四會合併是因為他們認識不足，假如你認真解釋給他們聽，反對最大的損失是你自己。為什麼？因為我是大經紀，我是『名牌』，每個人都選擇和我做生意。你是普通會員，沒有人和你做生意，他們擔心風險。大家都選擇和『名牌』做生意，你可能搶不到生意。自動化反而對你影響不大，因為電腦交易是按照先到先得的原則來做。總之，你把牌掛上去，合適的就配對到了。

「四會時代你把牌放上去，人家想買，如果你的名聲不好，沒有人跟你做生意，人家都選擇跟『名牌』做，但科技打破了一切局限，令交易『非人性化』、正規化。

「四會時代時是屬於競爭行為，但是合併後成了一個壟斷的行為，這與競爭行為是兩回事。壟斷行為一定要有監督和制衡，但是合併時無人會想到資本市場的壟斷權力。很多人都希望在資本市場集資，但是現在集資要先通過交易所，因為政府給了它這個權力，有權力又無人監管，交易所可以不讓你上市，或可能要給了好處才讓你上市。」

「私人俱樂部」——聯交所

聯交所合併之後，成為香港唯一一家證券交易所，負責發展本地證券業的重任。但是聯交所內有一小撮人仍然將交易所視作「私人俱樂部」，而不是為會員、投資者和證券發行商服務的公用事業機構。交易所的行政人員未能發揮職能，缺乏足夠的知識和經驗去處理不斷演變和擴展的證券業務。

聯交所在86年開幕，由時任港督尤德爵士主持點睛儀式。

《信報》報道聯交所首宗交易

聯交所交易大堂設於中環的交易廣場，首宗交易是財政司彭勵治買入太古洋行，原因是他曾任太古主席，其次是金融圈內稱太古為「大吉祥」，乃是好兆頭的象徵，該日成交股數逾3,300萬股，成交達2.26億元。《信報》翌日報道這宗本港金融史上的大事：

「昨天可算冠蓋雲集，參與主禮儀式的嘉賓包括金融事務司林定國、證券監理專員晏士廷、經濟司易誠禮、證券事務監察委員主席黃頌顯，觀禮嘉賓包括銀行公會主席雷興悟、銀行監理專員霍禮義等。除了本港各電子媒介及報章，各通訊社紛紛出動外，一個韓國的電視台亦派員採訪昨天的盛況。

「第一手在聯合交易所成交的股票是太古洋行B股，成交股數十萬股，成交價六元。原來這個交易是由負責設計聯合交易所電腦系統的黃宜弘博士所做。

「聯合交易所開業後，第一個宣布的消息是亞洲航業停牌，而亞航亦成為首間在聯合交易所開業後停牌的股票。」

（節錄自《信報》，1986-04-03）

事實上，當港股成交量不斷增加、股市日益國際化之際，聯交所仍然未能切實執行適當的管理和規管措施，更沒有顧及市場過熱所帶來的風險。

另一方面，早在四會分立前一會獨大的「香港會」每遇新股上市時，新公司「照例」會給交易所委員或相關經紀配售股份。四會時期以至聯交所運作後，這種「傳統」風氣仍然沒有改變。

聯交所前上市科執行總監霍廣文曾經憶述當年的情況，他說：「記憶所及，在市旺的時候，每周新上市個案多達數宗，並以配售方式進行，行內稱之為『分餅仔』。這種行規，可謂是當時社會公開的秘密，每逢新股上市，交易所的主席、副主席、大小經紀一干人等，悉數按身份和地位的高低配售新股。在1973年股災發生前，幾乎凡有新股上市，股票價格便會以倍數上升，使不少人大獲其利。」（*Hong Kong Stock Market Archives and Artifacts Collection: Oral History*，《香港證券市場歷史研究計劃》1998.4.22）

對聯交所委員或主席而言，這種做法既屬於「傳統」或「行規」，也是絕對公開的，連政府監管部門也心照不宣。雖然這種「圍內」配售股份方式有它的歷史，但隨着社會逐漸開放，市場講求公平，交易所管理層這種明顯牽涉利益衝突的「傳統」，已漸漸不為社會接受。

聯交所前行政總裁袁天凡認為，這種「分餅仔」行為的深層原因，是交易所的創辦人都認為利益該歸於自己，所以忽略了社會的責任。

「舉例說，他們過往是將交易所看作保障會員利益的組織。在『香港會』一會獨大的時代，『香港會』會員的利益，便等於是那群精英分子的利益，他們只要取得牌照，便能獲利。因此，為了保障自己的利益，他們便禁止外人參與

……當交易所壟斷性經營與缺乏監管同時出現時,問題很容易便會產生了。

「在壟斷經營以前,因彼此間存有激烈競爭,可以相互制衡。但是,當競爭突然消失,並進入壟斷時,在沒有恰當的監管下,領導很容易便會做出獨行獨斷的舉動。對很多交易所的領導人來說,交易所是他們一手創辦的功業。因此,他們也會視交易所為他們的『嬰孩』,認為自己有權隨意控制。」

在1986至1987年,交易所已變成一個對香港經濟舉足輕重的重要團體。這團體雖有壟斷經營的特權,卻沒有足夠的監管,問題的矛盾也變得尖銳。面對1987年股災這類突發事件,交易所運作出現問題的結果,幾乎是可以命定的。(*Hong Kong Stock Market Archives and Artifacts Collection: Oral History*,《香港證券市場歷史研究計劃》,1997)

袁天凡在1987年股災後出任聯交所行政總裁。

87 股災停市四天

「山雨欲來風滿樓」，1987年10月是恒指自1973年以來最波動的月份。由於當時港股的市盈率較東京和紐約為低，所以恒指由1984年底1200.38點上升至1987年10月1日3949.73點的高位，最高更曾一度升上3968點，在兩年多裏升幅達175%，成交亦創歷史新高，達54.07億元。

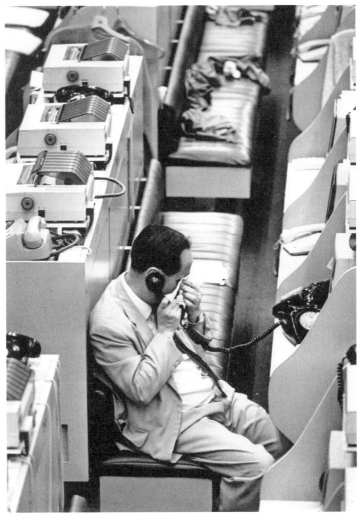

1987年全球股災由美國華爾街引發，導致恒指暴跌52%。

在一片上望4000點恒指之聲的氣氛當中,美國道瓊斯指數在10月16日大跌91.55點(約5%),使全球股市大跌,港股亦不能獨善其身,當日指數下跌45.447點,被稱為「黑色星期五」,跌幅雖然不大,但已揭開了股災的序幕。

10月19日,市場受到美國紐約股市大跌的拖累,當日港股開市,拋售浪潮便出現,所有藍籌股紛紛低開好幾個價位,接着沽盤排山倒海般出現,二三線股份跌幅更厲害,許多股份牌下更只有賣家而沒有買家。

市場情緒急跌

下午股市賣盤排山倒海般湧至,連「跌市奇葩」置地股價也告下跌,整個下午短短一個小時內,恒指再跌185點,市場投資情緒就在這一日內,從過分樂觀轉為極度悲觀。

聯交所管理層在1987年10月20日早上召開緊急會議,按《香港聯合交易所規則》(Rules of the Exchange)第203條、第204條第11節及第572條等賦予的權力,決定停市四天,據聯交所前副主席王啟銘憶述:

「到星期二開會時,我們討論了兩個小時,全體委員都有出席,並分別發表了意見。有會員認為應停市一天,也有會員認為停市一天起不了作用,因為若只停一天,問題仍沒法解決,一開市便大禍來臨了。所以我們建議停市四天,好讓積壓的交收可以清除。以往有人兩星期也交不到貨,我們也不知他們是否賣空。故先處理未完的交收較好。所以我們的結論是投票決定的。最重要的是,我們的主席李福兆在清晨四時已致電財政司,他是同意停市的,但後來他說自己在電話上的承諾,不可作準。

「當時我也在場,聽着主席致電證監專員晏士廷(Ray Austin)告訴他開會地點,並邀請他派人來,但他卻不派人下來。我們徵詢他停市的意見,他又表示贊成。既

然我們已徵詢了財政司和證監專員的意見並獲得允許，
我們還有什麼地方是做得不對的呢？」（*Hong Kong Stock
Market Archives and Artifacts Collection: Oral History*,
1996.12.4）

至於另一名前副主席馬清忠也指出，政府官員由財政司、
金融司到證券監理專員均同意聯交所的決定：當日大部分
委員都有出席會議，包括李福兆在內，總共有委員二十多
人，但並非所有委員都有出席。李福兆表示，在開會前
一天，紐約股市下跌了五、六百點，他表示曾致電財政
司翟克誠，翟克誠在電話中向他表示不反對停市。李福兆
當時的想法，是希望避一避紐約的下跌浪，他表示曾致電
金融司林定國（D.A.C. Nendicks），而林定國也表示沒
有意見。此外，他也曾致電證監專員晏士廷，他同樣沒
有意見。（*Hong Kong Stock Market Archives and Artifacts
Collection: Oral History*,《香港證券市場歷史研究計劃》
1996.11.27）

不過，事與願違，股市於10月26日重開時，股民隨即大
量拋售股票，恒指急挫1120.7點，跌幅達33%，單日整
體市值蒸發三分之一，傳媒稱當天為「黑色星期一」。政
府及市場人士作出減息（兩次各減一厘）、放寬合併收購
及貸款給香港期貨保證公司等救市行動，但並不收效，
10月底恒指收報2240.13點，較上月底大跌43.2%。據
《信報月刊》的數字，當時全港上市公司總市值由1987年
9月底的7,494億元，大跌至10月底的4,181億元。

對於停市的決定，據聯合交易所的解釋，主要有兩個原
因：一、為清理大量的積壓交收；二、令投資者能夠冷靜
下來。

不過，一些反對停市的金融界人士則有不同的看法。在
10月21日（即宣布停市後翌日）的《信報》及《亞洲華爾
街日報》都有類似觀點的報道——停市就像一場賭博，一

場跟外圍股市的賭博,當事人希望英美日等地股市能在一周內好轉,當港股在10月26日復市時,便不會出現恐慌性拋售,但這種估計顯然被事實徹底粉碎。更諷刺的是,在香港的證券法例中,竟沒有制衡聯交所停市決定的條文,港府亦無權指令復市。

《信報》創辦人林行止於10月27日在《政經短評》專欄中指出了停市的災難性後果:「恒指期貨於本周一停市,未平倉會合約共有八萬多張,消息人士指出,估計需要注資約20億元,才能保證該保證公司有充足的資金應付可能發生的困境。股市狂瀉,對聯合交易所本身影響不大,但對期指市場則帶來了嚴重的財政危機。所有期貨買賣都靠『做倉』(孖展)支持,當價格升降過速的時候,必有買賣一方損失慘重,為了預防虧蝕太大者『賴賬』,期指經交易所結算公司結算,而交易所則由大銀行組成的『保證公司』,承擔完成合約買賣的風險。

「但在目前的情勢下,這些部分總部不在香港的國際性銀行是否願意這樣做,可說是整個問題的關鍵;如果它們認為大勢已去,不肯集資,讓保證公司宣布破產亦在所不惜,香港的期指市場就馬上『玩完』。」

李福兆造市囚四年

李福兆在1987年10月股災時下令停市四天,引來各方指責。

李福兆為香港名門李佩材家族後人,在香港大學畢業後留學美國,取得工商管理碩士,並取得會計師資格,1969年創立遠東交易所,並為首任主席。1986年四會合併,他亦當選為聯交所主席。

1987年10月19日爆發全球股災,聯交所宣布停市四天,成為全世界唯一停市的股市。社會輿論質疑聯交所停市決定的理據。下令停市的李福兆頓成為焦點。

每當「全民皆股」的市況來臨,往往是股市盛極而衰的先兆。

當時的聯交所主席李福兆在獲得財政司的同意下,宣布港股停市四天,直至10月26日復市,這是全球主要股市唯一宣布停市的市場;圖為李福兆當時解釋停市決定時,不滿一名澳洲記者問他決定停市是否有利益衝突,要求該記者道歉,成為87股災的經典圖片。

李福兆怒罵記者

1987年10月26日傍晚,當聯交所召開記者會解釋停市決定時,一名澳洲記者質疑停市與李福兆私人利益的關係,該決定是否合法。李福兆勃然大怒,以食指直指向該記者,以拳頭敲擊檯面,要求該名記者道歉,李福兆揚言:「這是惡意誹謗。」「講出你的姓名,我要我的律師記錄下來。」「我現在就給你一張告票。」又叫嚷「控告他,帶他到警署去,把他送到警署去。」聯交所高層職員曾勸諭李福兆冷靜不果,一眾記者於是把該名澳洲記者帶離會議室,記者會在喧吵聲中結束。同年底聯交所改選,李福兆轉任副主席。

到了1988年1月2日，李福兆被廉政公署引用防止賄賂條例第30條，在清晨睡夢中被拘捕。與此同時，被捕的還包括聯合交易所前行政總裁辛漢權及上市部經理曾德雄。由於廉政公署即時公開三名被捕者的身份姓名，令事件更具爆炸性，外國傳媒都爭相報道。1988年1月15日，李福兆在中央裁判署提堂，被控違反防止賄賂條例第一項乙款，指他在1987年5月15日，身為聯合交易所代理人，非法接受香港熊谷組有限公司配售110萬股、每股底價一元的股票，作為他在職務上批准熊谷組發行新股票6,700萬股（每股認購價二元五角）上市的報酬。

案件審訊多年，到了1992年6月23日，法官終於裁定七名被告，包括五名前聯交所副主席冼祖昭、王啟銘、馬清忠、湛兆霖及鍾立雄，以及前行政總裁辛漢權和律師李國麟等全部罪名不成立，當庭釋放。

最後，只有李福兆罪名成立，判入獄4年，李氏出獄後定居泰國。這宗案件亦標誌着港府重整前聯交所的行動告一段落。

1988年1月2日，李福兆被廉政公署拘捕，指控他在審核公司上市過程中，非法收受新上市公司配售的股份，從中獲利，結果被判罪名成立，入獄四年。

有「股壇教父」之稱的李福兆自出獄後一直長居泰國近19年，2013年4月專程回港出席證券商協會33周年晚宴暨就職典禮，以及東亞銀行股東周年大會。

明顯比前消瘦的他，原來半年前證實患上胃癌，隨即安排回港做手術，並已切除三分二個胃。

2013年4月8日，李福兆（中）出席證券商協會33周年晚宴，全程皆由詹培忠（右）陪伴。

詹培忠：
公道自在人心

金融市場一直流傳着「陰謀論」，指政府當年拘控李福兆其實是為了借機整頓聯交所，把證券業納入政府控制之下。事實上，當年涉案的聯交所成員只有李福兆被定罪，其餘最後都無罪釋放，「針對性」非常明顯。跟李福兆稔熟、在香港股市有「金牌莊家」之稱的立法會議員詹培忠，接受本書訪問時仍替李福兆抱不平。

「李福兆事件發生在1987年，就是發生世界性金融風暴、股災那一年。現在回頭看，究竟何災之有？我經常都說，87股災，連帶97亞洲金融風暴，實際是何風暴之有？根本就是人為製造出來的，是世界的一股右派力量，以美國為基地的一股世界力量在興風作浪。

「當然，話說回來，李福兆先生的事件，可能他自己也不想別人再提及。但我們評估歷史——過了一天的都已是歷史，歷史作為見證，見證就是所謂事實，公道自在人心。我們可以看到，假若當時李福兆先生經得起壓力，跟另外『七君子』一樣，不承認控罪，不就無罪嗎？他承認了不合法認購股票。如果他能夠把事件拖延到跟另外七個人一起審訊，另外七個人獲判無罪，他可能一樣無罪釋放。

「我當時也跟李福兆先生講，因為你有權，一個地區或者一個國家發生政變，你不就要下台嗎？在別的地方可能要拿着槍逼你下台。如果你看得透，就知道什麼事情都是正常的。

詹培忠是香港股市傳奇人物，他表示股票市場的起起跌跌，離不開六大因素：

第一是資產。如果一家公司的資產是優質的，市價卻還是偏低，當公司出現變動，例如私有化或併購，股價必定會追隨。因此，研究一家公司，第一件事便是研究它的資產。

第二就是研究它的市盈率。即其賺錢能力，賺錢能力愈高，市盈率愈低，這是必然的。

第三就是大氣候。如果現在的大氣候是向好，即所謂牛市，自然要跟着大氣候走。大氣候不好，也不可以隻手遮天，這是不可能的。

第四是小氣候。如果小氣候對某個行業有利，例如未來的礦業股或者資源股，又或者過去的電訊股等，相關股票自然跑贏大市。

第五是供求。如果某種股票需求極大，上升的機會必然甚高，相反沽壓大的，相應也會看跌。

第六是人為的。這相當重要，造市佔大多數，所謂人為，就是人為主導，此外別無其他。買賣股票離不開這六個因素。

權力與公平

「我們只能向前望，不可以回頭看，記仇記恨，對社會沒有好處。我個人只是認為，法律和守則要更加完善一點。如果政府認為李福兆先生或其他有關人士這樣認購股票不對，便應該改法律和守則。但是，我們可以看到，現在新股上市，不是也變成大戶基金想認購多少便認購多少，留給散戶的比例卻甚少，這樣公平嗎？

「或者你可以說，基金大戶沒有當權啊，但他們有強權、有特權，不是一樣不公平嗎？如果說李福兆被捕一事不公平，現在基金可隨意大額認購新股，就更加赤裸裸的不公平。雖然投資銀行不是審批新股上市，但他們是保薦人，他們有權決定新股的市盈率，也有權為新股定價。這樣的權力不是比李福兆先生的權力更大嗎？投資銀行可以明目張膽地提出優先認購國際配售總額的90%，餘下的10%才留給散戶互相競爭，然後讓散戶當『炮灰』，為投資銀行抬高股價，這個現象不是更加不合理嗎？

「我自己也領教過了，滿腹仇恨地批評別人做得不對，也是不公平的。我期望市場愈來愈公開、公平公正和合理。

「我認為在上市之前，公司應先訂立發行股數，然後對所有投資者一視同仁。照顧本地投資者很合理，應該特別把30%配售給本地經紀，為什麼呢？給了30%本地經紀，就等於保證把總售股佣金收入的30%分配給他們，由他們再決定如何分配。

「為什麼我會質問特區政府，你看看全世界有沒有其他國家或地區願意出賣自己的利益給別人？我可以告訴你，答案是沒有的，只有香港這樣做。所以必須作出平衡，但是政府做不到，做不到就美其名為（把招股上市程序）國際化。

「其次，應該把所有發行股數公開讓所有投資者認購，比如說，新上市公司發行10億股，散戶也好、基金也好，認購那10億股的機會都是平等的。大股東或者擔心散戶無法消化如此大規模的集資，但看看現在很多新上市公司都錄得百多倍超額認購，有時幾十倍，證明市場有足夠承受力。只要錄得足額認購，上市集資的目的便已達到了，要這麼多倍超額認購幹什麼？只是方便造市而已，這已是十分不公平。」

股市改革藍圖：
《戴維森報告》

1987 年股災的真正重災區，其實不在股市，而在期貨市場。1986 年四會合併後，香港正式有恒指期貨可供買賣。除了外資流入外，恒指期貨對現貨影響很大。投資恒指期貨有槓桿作用，因為買一張期指合約只需 10,000 元按金，以恒指 2000 點來計算，槓桿比率達到 10 倍。

由於期指的監管過於寬鬆，雖然恒指急升，但是期指按金並沒有相應提高，所以槓桿比率不斷上升。當時，很多小投資者認為期指是用孖展（margin）買股票的簡單方法，若恒指上升，期指亦會上升，在槓桿效應下，期指回報率便高出很多倍。結算時每點恒指相等於50元，若有10點升幅，相差就是500元，若有1,000點升幅，相差則為5萬元。投資者用1萬元作按金投資一張期貨指數，以1,000點升幅計，便可賺取5萬元利潤，這樣高的

袁天凡（左）及當時任聯交所理事會主席的利國偉（左二）。

回報自然吸引不少散戶參加。結果，期指長期出現「高水」（premium），溢價超出恒指100多點。在這種情況下，吸引了很多投機者。

在當時不准拋空現貨的落伍法例之下，期指市場一開始就具有濃厚的賭博性質，《信報》曾多次指出這缺失，但政府和期指當局均置若罔聞，其後問題終於爆發。股票現貨在法律上不准拋空，買賣期指的套戥功能變得甚為牽強，賭博成分高於一切，參與其間的「賭博」是非理性的，這令大市處於上升軌時升勢既急且陡，當市況逆轉時，跌勢亦一發不可收拾。

另一方面，當美股開始回落時，一部分較精明的炒家便拋出所持有的期指，期指從過百點的「高水」迅速變成過百點的「低水」（discount）。這情況卻觸發了持有現貨作套戥的投機家為「拋現貨、揸期指」，要拋售十多倍的現貨股票，結果產生一個滾雪球效應，現貨市場承受不了沽售壓力，股價於是急跌。

林行止評大跌市因由

「香港股市昨天創下了一項歷史性紀錄，恒生指數跌去了1120點，幅度高達33%——這項紀錄，相信是『空前絕後』的……昨天之跌，可説是四天停市積壓性恐慌導致盲目拋售的結果——當然，此中有相當部分是在停市期間以『暗盤』方式交易——加上基金為了應付客戶『提存』的沽貨及財務機構的『斬倉貨』，大市成為買家市場，股價大瀉，是必然的市場現象。大家或許會問，大市氣氛既然這麼惡劣，何以還會有買家？我們的看法是，下列數種人是有興趣入市的，他們是1) 在去周沽清股票者，眼見股價已跌去三、四成，趁『低』吸納；2) 仍有餘資者，希望大市在政府救援下會有反彈；3) 已習慣高價者認為股價已經『偏低』；4) 上市公司負責人的象徵性『支持』。」

（《林行止專欄》，1987-10-27）

恒生指數日線圖
1986年6月2日－1987年12月31日

《戴維森報告》提出一系列改革建議，其中包括：

1) 香港資本市場應與本港的經濟體系看齊，開放而具透明度；
2) 消除上市程序的顯著漏洞；
3) 確保市場公平，防止造市及欺詐行為，避免任何市場參與者藉此圖利；
4) 加強風險管理；
5) 加快立法管制沽空活動，制定明確的有關限制，規定賣空活動須作全面披露；
6) 消除市場內不必要的限制，確保市場健全及適當的保障投資者；
7) 確保政府減少干預，職責只限於提供適當的環境及架構，讓市場得以蓬勃發展；
8) 聯交所的委員會應有公司及個人會員代表，以及有獨立的專業代表，而行政人員也須勝任有關職務；
9) 在成立一個妥善的結算前，確保交收時間延長至三日；
10) 成立新的法定機構──證券及期貨事務監察委員會，取代證券事務及商品交易事務兩個監察委員會。此法定機構將賦有廣泛權力，並獨立於公務員架構之外，而運作經費則由證券業本身提供；
11) 確保法定的監管機構能積極監管證券市場的運作，並確保「通過迅速的資料發布，以提高運作的透明度」。

本港過去經歷的十次股災中，由1987年10月5日至12月7日的一次，恒指共跌去超過一半，以百分率計即52%，成為本港金融史上第五大跌幅的股災。

股災後救市措施

針對1987年10月底大市氣氛急速逆轉及史無前例停市帶來的巨大衝擊，政府和業界曾推出多種「救市措施」，希望可以盡快穩定人心及恢復市場秩序。這些措施包括五大類：

一、貸款支持香港期貨保證公司，以免引起市場連鎖反應；
二、大幅減息，藉以減少買入股票的機會成本；
三、放鬆收購守則，刺激收購合併；
四、更換管理層，平息爭議；
五、成立檢討委員會，藉以找出行業面對的問題。

當美股在10月中持續大跌而引致港股10月19日急挫400多點時，期交所已發現某些客戶「走數」（不承擔合約責任），期貨經紀也無法追回合約按金。以當日跌市比例計算，須「補倉」的價值為3.82億元，但當時仍有1.08億元沒法追回，直到26日的情況就更加嚴重。

據期交所主席湛佑森反映，香港期貨保證公司（Hong Kong Futures Guarantee Corporation Limited）只有1,500萬元資本額和750萬元累積儲備金，以這樣微薄的儲備，實在無法應付這次突如其來的金融大風暴。倘若期貨市場崩潰，期貨經紀只能出售股票套現，這樣便會對股市造成更大壓力，並進一步摧毀整個金融體系。有鑑於此，港府及多家銀行如滙豐銀行、渣打銀行及中銀集團等迅即安排了40億元現款，借給香港期貨保證公司，使其能承擔對期貨交易所會員的承諾，藉以穩定金融系統。

這次的停市決定，暴露了政府官員的疏忽和監管制度的落伍。劫後餘生，經歷1987年股災後，政府委任了金融專家戴維森（I. R. Davidson）全面檢討本港證券業體系，為香港證券市場提供未來發展的藍圖，希望藉此挽回投資者的信心。經過六個月的深入調查，並聽取本地及國際專家的意見後，證券業檢討委員會於1988年5月發表調查報告，指出：「雖然本港是一流的地區性商業及金融中心（特別是作為國際銀行中心），但其證券市場卻未能與它的其他經濟成就媲美。」

戴維森在報告內指出了香港證券市場的主要毛病：

一、在1986年4月啟業的聯合交易所，由4間規模較小的交易所合併而成，內部有一小撮人士將交易所視作私人會所，而不是一個為會員、投資者和證券發行者服務的公用事業機構。交易所的行政人員未能發揮職能，缺乏充足的認知和經驗去處理不斷演變和擴展的證券業務，而且不

香港歷年股災（1973-2007年）

	恒指高位（日期）	恒指低位（日期）	跌幅（月）
1.	1,774（9-3-73）	150（10-12-74）	91%（13）
2.	1,810（17-7-81）	676（2-12-82）	62%（17）
3.	1,102（21-7-83）	690（4-10-83）	37%（3）
4.	1,170（19-3-84）	746（13-7-84）	36%（4）
5.	3,944（5-10-87）	1,894（7-12-87）	52%（2）
6.	3,309（15-5-89）	2,093（5-6-89）	36%（1）
7.	12,201（4-1-94）	6,967（23-1-95）	42%（12）
8.	16,673（7-8-97）	6,668（13-9-98）	60%（12）
9.	18,301（28-3-00）	8,409（25-4-03）	54%（37）
10.	31,958（30-10-07）	20,572（18-3-08）	-36%（4.5）

能充分脫離管理委員會而獨立工作。24 小時交收制度亦不能有效地實施。事實上，當成交量不斷增加、股市日益國際化之際，更難期望交易所能夠切實執行適當的管理和規管措施，更沒有顧及市場過熱所帶來的風險。

二、改組後的香港期貨交易所，管理雖然略佳，但只是建立於不穩固的基礎上。特別是由期貨交易所、結算公司和保證公司組成的鼎足結構，令三方的責任界線含糊不清。任何期貨市場都必須有一個處理風險的妥善制度，但上述情況妨礙了這個制度的發展。三個機構理應採取行動，以控制成交量。

三、至於負責監察整個行業的證券事務監察委員會和商品交易事務監察委員會，則在工作上普遍缺乏方向。政府要使它們成為獨立及擁有正式權力的監察機構的原先目的並

未達到。兩個監察委員會不但不能成為有力的監察機構，近年更變得被動和保守。

《戴維森報告》公布後，政府即表示全盤接納，並逐步草擬法例落實有關建議，到了1989年3月，政府按報告中建議的成立了香港中央結算有限公司，同年5月，又宣布成立證券及期貨事務監察委員會，統一監管兩家交易所的運作。至此，重整香港證券市場架構的工作大致完成，政府完全掌控了股票市場的發展，香港股市開始進入了另一個新時代。

總結改革展望未來

對於政府改革聯交所的部署，前聯交所行政總裁袁天凡認為主要是引入了監察和制衡。

「有關《戴維森報告》有幾個重點——：一、將香港證券市場的監管架構增加互相制衡，以前主要是人為，沒有這些制度。二、在交易所的層面，交易所以前有一些不是證券界的外人做獨立理事。還有一層就是證監會，以前四會時代，有競爭就有監察，四會合併之後就沒有了競爭，變成了一個獨市，Power will corrupt（權力使人腐化）。《戴維森報告》就引進了監察和制衡，變成了兩個層級，第一就是交易所，第二就有證監會，負責監督交易所。

「以前的交易聯盟沒有什麼專業人員，大家都是自己做，很少有僱員。從我開始就有了專業僱員，有一個專業平衡的體制在裏面。

公司上市成文化

「首先，是將公司上市程式化。以前是由交易所審批，現在就將上市規則成文化（codified），希望上市的公司看《上市資格和條件的條文》這本書，就可以知道自己夠不夠上市的資格。公司符合條件的話其實就可以上市，沒有人可以阻止你。交易所的責任是去審查你的資格夠不夠，政策就由上市委員會決定。在《戴維森報告》內，很大部分就是要互相制衡。

「其次、報告將交易所的董事會改變。過去這些人全都是由經紀選出來的，政府害怕他們自把自為，現在有獨立董事可以制定各類上市規則，符合這些資格及財務要求就可以上市。然後我們成立了中央結算體系，上市程序程序化了，上市不是求人讓你上，而是一項權利；在香港這是很重要的一個里程碑。

「我覺得李福兆最大貢獻就是規範化了香港的證券市場。《戴維森報告》公布後，交易所的結構改變了很多。監管的理念變成了責任，也產生了一個具制衡的監管架構。

「將上市的過程成文化，任何公司符合規條的都可以上市，這是很大的突破。交易所具有壟斷集資的權力，將公司能不能集資的權力給交易所，交易所就有了很大的權力。不過，權力一大就容易被濫用，權力使人腐化，絕對權力使人絕對腐化。

「四會時有競爭，香港會不給我上，我就去遠東會，這裏有平衡。四會合併成一個交易所之後有一個獨市權（壟斷權），就得先把這個獨市權拿走。這就要靠交易所上市規則這本書，這是證券發展另一個重要里程碑。

「還有，是成立中央結算系統；這個系統很重要，就是要將參與結算的這批人的水準提高，包括風險監管的水準，

成立於1989年5月的香港證監會負責監察股票市場的秩序。

這樣很多人就會反對，反對聲音最大的就是銀行，因為銀行包攬了很多結算的生意。結算公司和中央註冊公司更反對，因為它們都失去了很多生意。不過，股災之後，他們的反對聲音就減少得多了。」

四會真正合併，其實是在《戴維森報告》內四項決定後成形的，它們是一、定下上市規則；二、將上市規則成文化，把交易所的壟斷權力交還給上市公司；三、將經紀質素提升至大家可以接受的水平；四、推出中央結算系統。在87股災之後，市場都依着這四個共識去做，為市場架構引入了制衡的因素，交易所才算真正合併。

《戴維森報告》令公司上市成文化。

中資抬頭 紅籌崛起

第五章

1990-1992

引言

中國在 1978 年推行改革開放政策後，到了 80 年代，中資企業開始冒起。因應中國在香港的政經力量日漸強大，中國企業的潛力逐漸受到市場重視，成為股市的新興力量。

中國概念股可以分為三類，一是在香港扎根多年的老牌中資公司，如中國銀行、華潤集團、招商局等，它們後來循不同的方式上市；第二類是後來出現的紅籌股；第三類是國企 H 股。

本章訪問了有「紅籌之父」之稱的梁伯韜，他首次詳細披露和解釋紅籌股如何從「概念」變成香港股民追捧的熱門股票，以及紅籌經歷的冒起、興盛以至沉寂期。梁伯韜的訪問，是他至今對紅籌股歷史所作最詳盡及最深入的解說。

紅籌股初試啼聲

紅籌上市較國企的歷史更早。首批紅籌是由中資背景的公司注資入上市公司形成,其後地方省市政府的窗口公司亦開始大行其道,以紅籌方式在港籌措資金。不過,隨着國企H股大舉南下,曾經一度令投資者趨之若鶩的紅籌股鋒芒不再,影響力逐漸被國企股蓋過。

紅籌熱潮展開序幕

紅籌是指在香港註冊、但同時擁有中資背景的上市公司,它們以母公司注資、重組及分拆等概念包裝上市,一度令股民如癡如醉。根據港交所資料顯示,截至2008年2月29日,共有88隻紅籌股在港上市,總市值達4.933萬億元,紅籌股佔去主板總成交的16.9%。部分紅籌股後來晉身為恒指成分股,兼具藍籌和紅籌的雙重身份,投資者以其「顏色」而稱之為「紫籌」,中國海洋石油及中移動便是其中兩家。

早期的中資公司涉足香港證券市場純屬「意外」,例如在1984年1月,華潤集團和中銀集團合組的新瓊企業,向上市公司康力投資注資及認購股份,解決了康力投資的困境,並取得控股股東的身份。1986年,為挽救嘉華銀行的財政危機,中信集團向嘉華銀行注資,從而獲得大股東的地位。

《信報》於1984年1月10日首先披露新瓊交易,並在1月21日的頭版報道:「康力投資有限公司董事會昨天正式公布,以每股面值一元的新股售予一間以華潤為主的中資機構。有關協議若成事實,該中資機構將成為康力的最

華潤集團及中銀集團兩大中資機構合組新瓊公司。

大股東，亦是第一間由中資擁有最大股份的本港上市公司。此外，康力的行政結構亦會改組加入多位中資機構成員。」

由華潤集團及中銀集團兩大中資機構合組的新瓊公司，借挽救康力順勢進軍香港資本市場後，雄心勃勃力圖拓展業務版圖。時任新瓊的董事長周德明曾向傳媒表示，投資香港製造業，是「向多元化業務方向發展」的具體步驟。日後將發展製造業以外的其他業務，並進行適合的投資計劃。

不過，中資機構注資挽救經營不善的公司後，如何扭轉乾坤卻不是易事，雖然在入股的時候，新瓊負責人作了不少樂觀和極具信心的預測，但至1985年度仍無法扭轉1983及1984兩個年度的利潤每下愈況的情況。《信報》林行止在《政經短評》中，指出新瓊收購康力的兩大啟示：「新瓊

收購康力後的發展，就宏觀角度看，起碼有兩項原則中資應銘記不忘。

「第一是收購對象應該是生機勃發盈利穩定前景光明的公司，當然，收購這類公司的代價很高，但這是值得的——與其以『低價』收購一家問題公司，不如出『高價』收購一家有盈利有前景的公司。這項收購原則，是澳洲籍的傳媒大王默多克的『創見』，我們認為極之正確的。

「第二是不可假『學資本家做生意手法』的藉口進行收購，因為資本家做生意花樣百出，而且件件新鮮，是學之不盡的；因此，中資要學習只有一條，就是以經濟效益作為檢驗一家公司是否值得投資的標準，而不是什麼要為『香港的繁榮盡力』」（林行止《政經短評・從康力業績看如何醫治中國的經濟癌》，1986年6月3日）

由挽救瀕臨破產邊緣的公司，到順勢注資成為上市公司的大股東，中國企業開始參與香港的資本市場，其後中資公司運用「財技」，透過收購本地中小型上市公司，紅籌潮也正式揭開序幕。

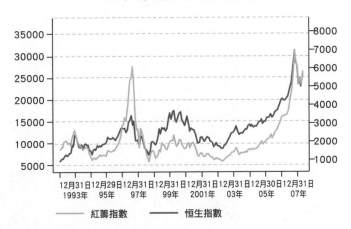

恒指與紅籌月線圖
1993年1月29日－2008年4月30日

紅籌指數　　恒生指數

《信報》林行止曾撰文評論中信收購泰富事件：「中國國際信託（『中信』）於1979年10月4日正式開業，為國務院直屬機構，主席是中國的樣板民族資本家、人大副委員長榮毅仁；由於這種政治關係，『中信』在港的經濟活動，因此被視為中國政治氣候和經濟政策的晴雨計。

「『中信』在中國經濟開放速度大為放緩外滙日趨緊絀之下，沒有收縮反而加強在香港的投資，起碼說明了下述三項事實——

「一、『中信』的投資成績不錯，最低限度不會成為國家的財務負累，其負責人在貫徹國家政策上亦少有偏差。

「二、中國對香港市場極之重視，而願以巨資從事收購，等於顯示了中國沒有1997年後接收香港公司的用心。

「三、體現中國對香港經濟前景極有信心，在盡一切可能促成香港安定繁榮的原則下，對有關係的問題公司肯給予援手。

「……無論如何，中信透過泰富將部分投資上市，對香港股市是有積極意義的。首先是，由於泰富必須公開資料，『中信』在港投資狀況的透明度較前提高，這令投資者對這家向來神秘莫測的國營企業，有了起碼和正確的認識。其次是，這個直屬國務院的企業間接參與必須服從一定遊戲規則的金錢遊戲，有助中國對資本市場運作的理解；而其參與不僅強化了香港資本市場的地位，對今後在特區推動資本市場的發展，當可起借鏡的作用。」

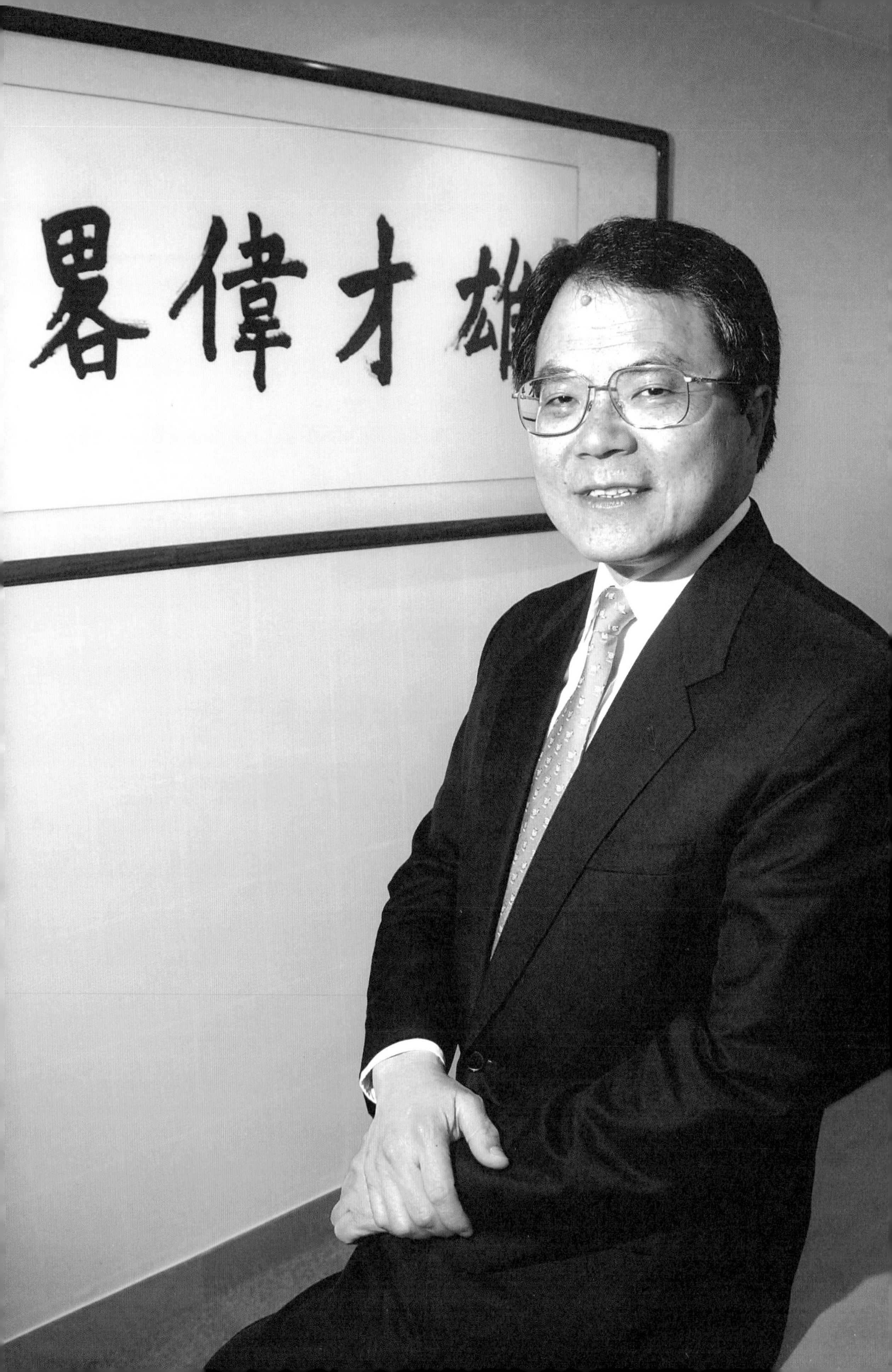
雄才偉畧

梁伯韜：
由概念到紅籌熱

據「紅籌之父」梁伯韜在接受本書訪問時憶述，中資公司參與香港資本市場，最早在1987年。那時香港的股票市場很興旺，東方報業集團也是在那個時候上市，超額認購很多倍，凍結很多資金，這才開始引起在香港的中資公司留意，到底應怎樣參與香港的股票市場，怎樣在股市集資？梁伯韜表示，最早有興趣的是香港中旅。

「它（中旅）安排了一個研討班，包括新華社、很多內地經濟研究員，都來參加，第一是要了解什麼是資本市場，第二就是要知道上市過程是怎樣的。他們了解之後卻靜了下來，因為1987年10月發生了股災，股災後他們很擔心，了解到原來資本市場風險這麼大，因為那次是全球性的股災。此後，研究上市的進程就停止了。

「由我經手、有中資成分的第一家上市企業是華盛，也是香港第一家，它是生產玩具的。為什麼我說它有中資成分？因為越秀是它的第二大股東，當時華盛的上市是打著中國概念的，說有越秀這間中資公司做它的第二大股東，如此背景，可以幫助開拓國內市場。但華盛也不是由中國機構控制的一家企業，它仍是香港人出任大股東，只是未上市前，有一部分賣給了越秀。

「如果真正說中資公司參與資本市場，第一家應該是粵海，當年粵海買了一個殼，叫友聯世界。當時我沒有參與，大概是在80年代末。買殼之後，並沒有立即開始工作，可能粵海不知道怎麼做，也未準備妥當，於是把殼放在一邊。

「中資企業全面參與香港股票市場，是中信泰富。背景是這樣的：1989年六四以後，股市比較靜，我在1988年和

「紅籌之父」——梁伯韜

梁伯韜先後加入獲多利財務及萬國寶通銀行，後與杜輝廉合組百富勤證券。創業之初，梁杜兩人合佔百富勤三成半股權，而18位本港華資大亨，包括長江實業主席李嘉誠、中信泰富主席榮智健及合和實業主席胡應湘等在內，佔餘下65%權益。同時，李嘉誠曾作「順水人情」，將私有化不成的廣生行權益售予百富勤，從此梁杜兩人控制首間上市公司。半年後，通過廣生行收購香植球旗下的泰盛發展。1990年5月，再注入百富勤證券及百富勤融資，並易名為百富勤投資，正式借殼上市。

1991年4月進行架構重組，百富勤投資反控廣生行，成為梁杜二人的上市旗艦，百富勤證券也是唯一一間躋身A組證券行的本地證券公司。

90年代，梁伯韜幫助中信泰富、粵海投資、上海石化、上海實業及北京控股等中資企業在港上市融資，掀起一股勢不可擋的「紅籌熱」。1994年百富勤進軍東南亞市場，大舉發行亞洲區的定息票據及債券，埋下財務危機的伏線，終於在亞洲金融風暴一役黯然清盤。

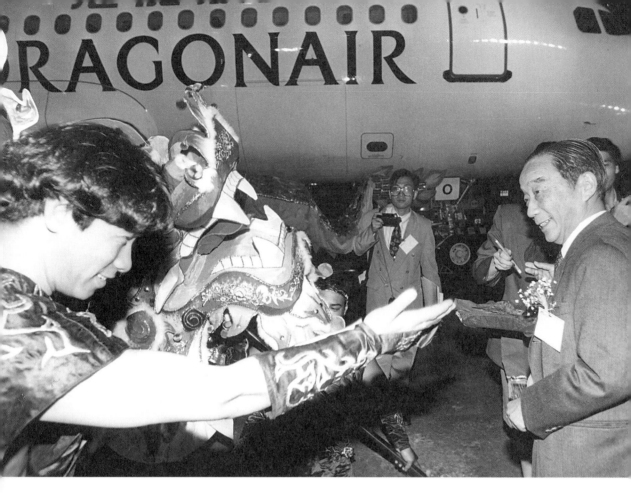

**曹光彪（右）投資的港龍航空於 2006 年
與國泰合併。**

杜輝廉成立了百富勤，就在1989至1990年底收購了廣生
行，然後從香植球先生手上收購了泰盛。那段時間我們跟
榮先生接觸，榮先生也覺得這是一個適當時機去收購這些
上市公司，同時將中信在香港的投資注入泰富，這就是中
信泰富名稱的來源。」

英資企業染紅

梁伯韜認為，中信在香港扮演了一個特別的角色。當時正
處於中英談判時期，有些英資公司正在思考香港回歸之後
他們的前途。

「那時一些英資公司已經開始靠攏了，找一些中資公司合
夥，其中有香港電訊、國泰航空，以及後來的港龍。他
們都想買一點保險，覺得跟中資公司合夥，對他們的前途
比較有保障一些。

「當時最明顯的是香港電訊。香港電訊賣20%給中信，國

泰航空也賣20%給中信。當時港龍經營得很辛苦,給國泰『圍攻』。港龍是曹光彪和包玉剛投資的,但後來他們覺得這樣經營下去很困難,於是引入了中信。中信因為和國泰合作的關係,因此港龍也引入了國泰這個股東,佔兩成多,同時將上海和北京兩條航線給了港龍。其實最初上海和北京這兩條航線是國泰的,不是港龍的,港龍拿不到這兩條線,所以經營得很辛苦。股權轉讓及重組之後,引入了中信和國泰,國泰就將這兩條航線給了港龍。當時整個大陸市場,這兩條航線是最賺錢的。得了這兩條航線之後,港龍立刻賺錢。這就是英資公司同中資的合作。

「我講這個小插曲的意思,就是中信從那時開始已經在香港的經濟發展中漸漸扮演了一個重要角色,集團已經做了一些大投資,管理層也意識到要利用資本市場去集資。榮智健先生也是一個資本家,紅色資本家。他來香港不是很久,好像1987年才來的,但他對香港的事了解很快。同時他跟香港一些大老闆,像李嘉誠、李兆基、鄭裕彤的關係都要好。他看到資本市場對一個企業的發展很重要。他當時跟我聊天,也說買殼上市是最容易的做法。所以在1990年初,他就買了泰富,同時將他在香港的物業和港龍注入泰富,後來把香港電訊、國泰航空的股權也放了進去,同時又收購大昌行,一路開始做大。中信泰富可以算是第一家在香港大展拳腳的中資公司。」

國泰冀藉着和中資公司合作,保障回歸之後的利益。

由買殼上市到IPO

梁伯韜指出,其實當時粵海購買友聯世界比中信的時間還早。但是粵海沒有再進取一些,立即借殼上市,反而中信比它走得快一點。當然,因為中信直屬國務院的關係和背景雄厚,中國概念更勝一籌。同時,中信是改革開放後第一家介入國際金融市場的金融機構。當時它在日本發外債,這是第一家中國企業發外債,當時外國投資者對中信都比較熟悉。

中信泰富主席榮智健在本港大展拳腳，
現時公司市值已超過 730 億。

「我們幫中信上市時，已經有很多基金感興趣。這其實也很巧合，主要是榮智健先生的推動，令中信打響了中國概念，也成為中國企業介入股票市場的頭炮。

「因為中信泰富這麼成功，粵海看到後，也躍躍欲試，因為它也有殼。我當時跟粵海老闆何克勤聊天，何克勤也是一個很精明的人，很熟悉香港的市場；談過後，他同意將粵海在香港的資產注入。粵海是廣東省的窗口公司，廣東和香港的關係比較密切，他們比較早來香港。於是他們就把自己在香港的資產注入去，中信泰富也是這樣。完全按香港公司辦事，不需要國內的審批。第一批紅籌股都是在香港『落戶』多年、以香港為基地的中國公司。

「因為這樣做比較簡單，不會牽涉國內的法例。這些投資其實都是用香港公司去做，而不是國內的投資。粵海也是一樣，是用香港公司的投資，包括一些地產項目、啤酒廠等。粵海也算得上很成功。」

1990至91年的時候，因為中信泰富和粵海這麼成功，令其他中資公司也考慮公開招股上市（IPO），而不再買殼上市。梁伯韜說，那時因為有這兩宗成功個案的經驗，於是一些中資公司就主動跟他聯絡，其實早在1987年他已跟中資公司有一些接觸和了解；中信和粵海成功上市後，就有更多中資公司想在港上市。

第一家中國企業的IPO

梁伯韜說，中信和粵海成功上市後，招商局就上門找他，商談研究上市的事情。

「我記得那時招商局來找我，說大家要研究這件事（指上市）。當時招商局，也就是現在的144（招商國際），他們當時不是把招商局的主要資產拿來上市的，初期只是試點，於是拿了一家油漆公司來上市，名為海鴻。你看看招股書，招商局它最先開始是叫海鴻，而不是招商局國際。為什麼呢？他們當時想先試一試，又不敢打正招商局的招牌。他們想先看看國企上市有沒有什麼風險，能不能成功，如果成功再改名，把更多的資產注入去。

「雖然當時海鴻是很小的一個企業，賺錢只有幾千萬，1991年的時候，一億幾千萬已經是很好的數字了。但它是一家很單一的公司，只做油漆。算是第一家中國企業的IPO，也很有中國概念，因為海鴻的產品主要是在國內銷售，生產地也是在國內，可以算是國內的企業。」

那時，香港有四大中資公司，包括招商局、香港中旅、華潤和中銀香港，它們跟其他的中資公司不同，都是以香港作總部，在香港註冊成立。除了這四家中資公司外，還有另一家是中國海外。

招商局、中旅及華潤早在1949年的時候就來港發展，中國海外跟它們不同，後期才在港發展業務。而中國海外是建築公司，基地以香港為主，業務主要做建築和地產。

「我為什麼要跟這幾家公司談？我想它們在香港扎根，資產也以香港為主，管理層也在香港，比較熟悉香港情況，所以最初與他們談上市，他們會比較明白，重組也會弄得較順利一些。

中銀香港屬於當時四大中資公司之一。

「海鴻上市後，接下來我就跟中旅、中國海外談，同年它們就上市了。最早跟我接觸的其實是中旅，但中旅的集團比較大，同時它需要挑選，看拿出什麼資產來上市。後來中旅就選擇了在深圳的錦繡中華景點和火車貨運業務來上市，這都很有中國特色。

「1992年共有四間中資公司上市，每一家上市都比前一家更熱，凍結的資金也愈來愈多。第四家是在1992年尾，就是越秀，它以香港房地產股的身份上市。這是1992年第一批紅籌股的IPO。」

鄧小平南巡觸發熱潮

梁伯韜表示，那時候國內還沒有H股的概念，法制未夠完善，也沒有中國證監會。

「但當時李業廣先生（港交所前主席）開始推動（中資上市），我覺得可能是紅籌股上市的功勞，令他覺得原來中國企業很受外國投資者歡迎，為什麼不直接引入國內企業來香港發行股票？

「我剛才談及的第一批紅籌股，都是香港的中資公司。當時我也有參與，那時我是上市委員會的委員，直接推動中國企業來香港上市。

「H股不同於紅籌，紅籌較容易，因為上市公司是在海外註冊的，資產都是以香港為主，所以不牽涉國內公司在海外發行股票，或把國內的資產轉出來上市。

「H股那時就不同了。雖然1991年國內的證券市場已經開發了B股，但B股只是過渡時期的產品，而且存在很多問題，包括企業的質素、一個市場兩種貨幣的股票等，都不是很規範的東西。當時也有一些公司去紐約上市，叫N股，華能是第一家。當年有些企業擔心香港市場不夠大，

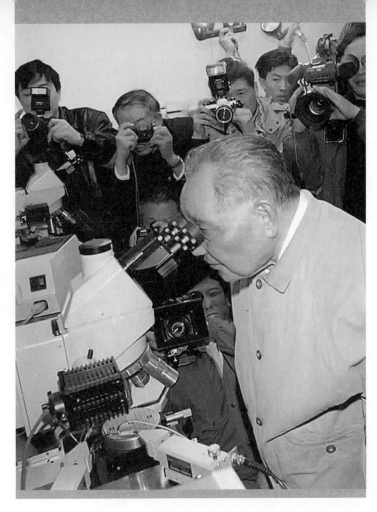

鄧小平1992年南巡掀起了另一輪中國熱。

紐約（市場）很優越，很多人就想去美國上市。

「還有一個很重要的背景，可以解釋為什麼1992年才爆發紅籌潮？原因是鄧小平南巡。鄧小平南巡推動了中國熱，第一批中國概念股就是在1992年。為什麼中國概念在當時這麼受落？六四之後，很多人擔心前景，不知道何去何從。後來見到六四之後，內地經濟一直發展得很好，鄧小平一直說要搞經濟；1992年南巡講話影響很大。我記得1993年開始，美資的投資銀行開始來香港，它們開始對中國感興趣。」

緊接狂飆的H股

紅籌股在90年代初登場後，緊接下來的中國概念股熱潮是H股。「朱鎔基那時（1992年）做副總理，李業廣去找他，朱鎔基說可以搞一個試點。那時還沒有中國證監會，

朱鎔基在1994年實施宏觀調控為經濟降溫。

中國人民銀行下面和體改委於是組織了一個小組,研究了一些法規出來,第一批H股就在1993年年中上市,青島啤酒是第一家。第二家是上海石化,我和美林一起做,這是第一家全球發行兩地上市的國企。

「當時是一批一批的,第一批九家H股就這樣批出來,有一份名單。很多省市都去跑,希望拿到配額,在第二或第三批名單內。

「1993年是H股上市(第一年),反應很好。94年就開始宏觀調控,利息很高,那時朱鎔基的宏調措施很厲害,於是1994、1995年就靜下來。1995年的時候我覺得宏觀調控已經有一些成效了,措施也開始放寬了,於是我又開始去找一些公司,游說他們來港上市。當時就在想,到底要找什麼樣的公司?除了H股之外,還有什麼其他中國企業?我不可以整天等名單,也需要找其他生意。

「當時四大中資公司都上市了，除了中國銀行——中國銀行（香港）是後來才上市的；華潤經過買殼都上市了。我就在想了，還找些什麼公司呢？

「那時候我先去了廣州，當時黎子流是市長，他是個很開放的人。1993年的時候我幫駿威上市，駿威純粹是國內的資產，這是第一家我將國內資產用香港公司包裝到香港來上市。我說過的越秀是已經在香港的公司，只是將香港業權拿來上市罷了。但是駿威當時的資產還是在廣州，需要將它『移出來』在香港公司上市。當時搞了個特批，有一些創新，搞了很久才批，最後由朱鎔基親自批准。

朱鎔基在1996年6月11日由袁天凡（左）及利國偉（中）陪同參觀聯交所。

「以消費、汽車概念的駿威上市十分成功，而駿威由於有外資合作夥伴法國標緻，很受國際投資者歡迎。駿威上市那段時間凍結的資金更是破紀錄。

「駿威成功後，我覺得應該開始第二步。第一步是香港的資產，第二步就是將內地的資產包裝。我做完廣州之後，就做深業。深業控股其實是後一期的。1992、1993年旺了一輪之後，宏觀調控就靜了，一些外資撤退了，包括一些美資大行都關門，摩根士丹利、高盛都關了。」

窗口公司冒起

20世紀90年代，中資紅籌在港取得較長足的發展，有見紅籌股廣為投資者追捧，加上香港1992至1997年間經歷5年牛市，紅籌上市方式漸漸成為省市政府窗口公司在境外籌資發展的一大渠道。挾着「注資概念」的北京控股屬一眾窗口公司中的佼佼者。

紅籌股以注資概念成功掀起另一波熱潮，梁伯韜亦積極參與。

「1995年的時候，我覺得宏觀調控已經見效了，經濟亦呈現反彈，於是開始和上海實業談。其實我和上海實業談了很久，1995年前就談過幾年了。我剛才講，很多時候要做很多教育工夫。直到蔡來興調去上海實業，我跟蔡來興在上海見面，他很確定地說『可以做』。」

上世紀90年代是紅籌股在香港發展的高峰期。

「1996年上海實業上市，是香港資產和內地資產的混合體。它以香港資產為主，但是也有一些內地資產，是將內地資產包裝來香港上市。上海實業上市也很成功，包括它的注資概念。因為上海始終是中國的大城市，上海概念很受投資者歡迎。上海實業不單成功上市，後來注資也很成功。所以，從1996、1997年開始，注資概念大行其道。」

梁伯韜（左）表示，上海實業上市後，把紅籌熱潮推向高峰。圖右為上實前董事長蔡來興。

梁伯韜表示，上海實業成功上市之後，開始帶起紅籌股以及注資概念的熱潮。

「上海來上市之後，北京見了也不願輸蝕，而且我們在北京也做了好多工作，我從1992年就開始做了，告訴他們資本市場是什麼。第一次見完北京市政府之後，我們也成立了北京百富勤公司，很早了。那幾年也做了很多工夫。96年才觸發了北京市推動上市，有兩個原因：第一是看到上海實業成功了；第二個原因，是金人慶調去當北京市副市長，他比較熟悉了解金融市場，比較容易消化，我跟他談了很久，很確定要去推動。」

第一家窗口公司北京控股

梁伯韜表示，北控上市時，跟上海實業、越秀有些不同。越秀上市的時候，百分之百是香港資產，上海實業是香港和大陸資產；北控上市的時候，卻是百分之百的大陸資產，因為北控母公司京泰在香港沒有資產，只是一個辦事處。

北控是把國內的資產包裝起來上市的，包括建國飯店、長城旅遊、王府井飯店、首都機場、公路和燕京啤酒，以及一家和西門子合作的電子公司，不同範疇的東西包裝在一起，這就是第一家窗口公司。

北京控股上市首天招股價由 12.48 元升
至 40.2 元收市。

這次是政府行為去推動，跟以前不同。以前完全是企業行為，無論中信還是粵海、上海實業的上市都是企業行為，但卻有政府的支持。

「北控上市很大部分都是政府行為，如果沒有政府出面把各個企業放進新公司裏面，北控就搞不成，因為這家公司本來是不存在的。跟上海實業不同，上海實業在香港很久了，它有南洋煙廠、天廚味精，還有物業等。但是北控前身的京泰是沒有的，它不是一家商業機構，這也是一些紅籌公司的問題。」

梁伯韜分析1996、1997年出現的紅籌熱，是基於幾個原因。

「一是香港整體的大市氣候，宏觀的原因，因為回歸，中國熱很流行。第二是因為上海跟北京兩個地方，一個是首都，一個是中國最大的金融商業城市，它們的概念很響，引起了投資者注意。第三，為什麼注資概念這麼屬害？一

是中信、上海實業帶起了注資概念，通常它們用一些優惠股東的條件，將好的資產注入，造就了新的注資概念、盈利增長的概念。投資者受落，注資的價錢也都很好。」

梁伯韜談起那段時間的一段小插曲。他說，光大集團董事長朱小華來港時，他管轄的光大系企業很厲害。因為朱小華當時是朱鎔基身邊的紅人，當時很多公司都想染紅，染紅了股價急速上升。當時甚至流傳「有光大，沒窮人」，「有嘢賣，搵光大」之說；光大一沾手的公司，股價就急速上升，也是這個原因，紅籌當時愈炒愈熱。

北控狂潮創凍資神話

北京控股在1995年5月由北京市八家資產公司組合而成，在香港註冊及上市，為中國首都提供發展資金。北控公開發行時受到投資者熱烈追捧，公開招股接獲1,270多倍超額認購，涉及資金共2,149億元，首天掛牌股價較招股價攀升三倍多，並即日急不及待行使超額配股權，躋身第四大市值紅籌股之列，成為轟動一時的新股神話。北控把紅籌熱潮推向高峰，紅籌指數成分股亦在同年應運而生。

應付炙手可熱的北控，聯交所在上市當天，首次讓經紀會員在開市前，提交北控的暗盤交易紀錄，以防經紀及交易系統承受大量買賣盤工作。雖然最終只得九萬股北控股份的買賣通過此方式交易，相對開市後的整天交易量，可謂九牛一毛，但卻是嶄新的應變措施。

聯交所行政總裁徐耀華當時表示，容許北控首天開市前進行暗盤買賣，目的在幫助經紀避免進行大量買賣盤的輸入工作。他強調，聯交所一向認為暗盤買賣股份並非不合法，這次特殊做法主要務求減輕經紀工作量，雖然暗盤交易目前未受規管，但最關鍵的是，各投資者清楚知道本身的投資決定，包括暗盤買賣在內。

《信報》剖析北控受捧原因

《信報》於1997年5月30日的社評曾以《紅籌受捧『關係』有價》為題，剖析紅籌窗口公司令投資者如癡如醉的原因：「以北控收市價40.2元計，其市盈率已達65倍，但投資者仍願意付出偏高的市盈率入市，表面上看是很『不理性』的行為，但深究其原因，追捧北控的投資者其實十分理性，他們以高價及高市盈率入貨完全有充分理由——

「近期上市的窗口股最值錢的，並非表面上的有形資產——它們的預測盈利根本不足以推高市盈率，亦非管理層的素質，而是它們在內地的關係。窗口公司的大股東是地方政府，故業務發展一定較私人企業順利，而且地方政府在背後撐腰，意味企業根本不可能倒閉，投資風險大減。北控董事長胡昭廣身兼北京市副市長，上海實業董事長蔡來興亦曾經任上海市秘書長，都是『以官領商』的模式，確保窗口公司和地方政府的人脈可以延續。外界雖然對中國大陸事事講關係的方式不以為然，但『關係』竟然成為窗口公司的重要資產，可見投資市場的巧妙！

「不論紅籌股和窗口公司，背後都有一個非上市的母公司做大股東，母公司一般都屬於地方政府或中央部委，它們手上有大量盈利能力強或資產質素高的公司，待『時機成熟』就以低市盈率注入香港的上市公司，結果上市的紅籌股以高市盈率收購低市盈率的國內資產，成為了一條必勝的方程式，試問世上有哪一個市場可以為上市提供源源不絕、市盈率偏低的優質資產？相信只有中國的半市場半計劃體制下，窗口公司的模式才可以成功。」

中移動以紅籌上市，成為港股成分股。

《信報》在1997年5月30日北控上市當天，在《北控收市40.2元躋身第四大紅籌》一文，對投資者及股價表現作出深刻的描述：「……有四千多人昨天不惜輪候數小時取回認購北控的支票及股票，除少數人士曾不滿鼓噪外，秩序尚算良好。……北控開市先聲奪人，股價一度飆升至全日最高位每股45元，其後散戶沽盤大量湧現，不消半小時，股價便回順至38.9元，成交額卻在數分鐘內升逾十億元大關。收市報40.2元，較招股價每股12.48元，升27.72元，成交6,248萬4,000股；成交額達25億多元，相當於大市總成交約六分之一。

「北控股價銳升，帶動其市值也暴漲至241億元，僅次於紅籌股『大哥大』中信泰富、華潤創業及上海實業，但已經超越『老牌』紅籌股粵海投資。」

中央降溫　中移動接力

紅籌熱潮到了北控上市時已達到高峰，有人以「北控失控」來形容這次熱潮。這股狂熱開始令中國政府萌生戒心，中

國證監會覺得紅籌愈來愈熱，控制不了，決定對紅籌加強管治。梁伯韜作出這樣的分析：

「為什麼控制不了？因為紅籌是香港的公司，不是中國註冊的公司，不受中國公司法規管，他們管不到。那他們怎樣管呢？最後去管紅籌的母公司。就是說，如果你注資這些子公司，那你就要拿國內的批准。

中國石油是另一進身成分股的國企「巨無霸」。

「所以在回歸那段時期，1997年6月出了一條有關紅籌股的指引。因為北控上市之後已經炒得很熱了，擔心愈來愈多的公司這樣發展，注資，然後資產流失，所以就弄了一個紅籌守則，紅籌熱立刻就冷卻了。我記得1997年6月初推出了紅籌指引，可是股市還是向上衝，7月泰國開始爆發金融危機，紅籌股在8月27、28日才到頂。這個可以說是紅籌股的第二個階段，國內政府捆綁一些資產來香港上市，接下來天津也開始搞了，那段時間其他城市也開始做，很多城市都來找我。」

梁伯韜說，第三個階段的紅籌發展，已不是地方公司來上市了，是由部委將它的資產打包，再由海外公司上市。第一家就是中國移動，那時還沒分家，還叫中國電信。中移動在香港上市的招股書也是叫中國電信的，後來才改名為中國移動，也是在分家後才改的。

「那時候就結成了一個行業，是一個行業重組後再上市，不是以一個地方的重組，階段不同，很清晰的。你看看中移動，它的網絡是每一個省自己去做的，而不是成立一間公司由它去投資。

「當時有一個講法就是『先有孫才有老爸』。廣東省自己建一個網，浙江省建一個網，後來就不是了。後來就各部開始，那時的電信部，現在叫信息產業部，說我們要搞統籌，建全國性的公司，將全國聯網，就不是分區去搞了。那時就將幾個比較賺錢的省份集合在一起去海外上市，就

梁伯韜（左）與杜輝廉（右）創辦的百富勤公司於九十年代安排大批中資企業在港上市。

是用紅籌公司推動電信行業的整合。所以說紅籌公司扮演的角色不單是資本市場，也扮演了行業重整的角色。」

梁伯韜分析為何中移動用紅籌的方式，而不用H股上市，是因為紅籌概念比較熱。那時紅籌亦比國企成功，尤其在1996、1997年。還有一個很重要的原因，就是紅籌注資容易一些，不論是注資、融資、發行股票債券，都比較容易。但H股則不一樣，上市後再注資產則較麻煩。

中資股面對的三大轉變

梁伯韜向本書透露，其實現在仍有很多公司想以紅籌上市，只是中國證監會不批准。

「中移動上市的IPO很成功，也帶動香港市場有一個頗大的轉變。第一，大型國企開始來港上市。原來一批一批來香港的都是中小型企業，這些公司質素也不是很好，那時中國的行業也沒有重整。後來就不同了，中移動上市成功，推動了幾個行業重整，包括石油。石油業也是『先有孫子才有老爸』，上海石化、儀征化纖、德海石化先上，那時還沒有中石化這家公司，只是石油部下面有一些子公司。此外，也歸功於朱雲來，即朱鎔基兒子，他和王岐山去推動。因為朱雲來有父親多方面的幫助，去推動這些企業改革和拿到批文，過程會容易一些。所以中移動之後，就是中石油、中石化，都是用這麼一個概念，就是行業的重整然後上市。

「第二，是有些企業拿到了紅籌，有些拿不到。中石化和中石油在後期上市，就拿不到紅籌的身份，結果用H股上市。中海油拿到了，中海油其實在1997年就已經拿到批准，只是因為它第一次上市沒上成，其實它是比中石油和中石化要早的。這對於香港的股票市場也是很大的轉變，一些大國企來上市了，以前上市的，最重份量都只是馬鋼一類企業。

「那時其實是雙線進行，有的是H股，有的是紅籌，有關係的能拿到紅籌批准來上市，例如聯通、網通。網通也因為搞關係在2005年來上市，雖然如此後期，但也拿到紅籌。後來中國證監會的立場愈來愈緊，紅籌的批准也愈來愈難了。

「第三，國企收緊了，但民企的紅籌繼續批准。民企比較偏愛紅籌，對於民企來說，不想政府控制這麼嚴。紅籌方面，它的自由度大很多。很多民企都首選用紅籌上市。因為這個原因，中國證監會聯同幾個部委在1996年出台了一個十號文件，文件說無論是國企還是民企，要想在海外成立公司，反向收購然後拿這些公司去上市，其實都是紅籌模式，都得經過批准。出了這個文件後，其實沒有一家紅籌獲批，現在的紅籌都是在這個文件之前已經搞好了批准的。」

2006年9月8日，六部委《關於外國投資者併購境內規定》（俗稱紅籌指引）出台，限制紅籌注資及成立外地控股註冊公司，此舉無疑令紅籌進行併購及上市的操作更形困難。隨着紅籌的上市步伐冷卻，加上國內外融資渠道多樣，大型國企南下導致紅籌中資概念的特色淡化，紅籌回歸之說卻翩然而至。經多年在港的「歷練」後，中海油及中移動有望可衣錦還鄉，成為首批發行A股的紅籌公司。

梁伯韜認為，紅籌股在香港股市已佔了一個不能取代的地位，對香港的影響也甚為深遠。

「你們也許留意到，紅籌曾經有上有落，質素又參差不齊，這其實是必然的。這麼多公司，有些較好，有些較差，不止紅籌，H股也如是。紅籌也有很多代表作，我剛才說的，包括中移動、中海油，有很多，現在招商局都變了藍籌公司，恒指成分股中紅籌佔的比例也不少。

「紅籌其實是成功的。無論是國營還是民營企業，很多都想用紅籌上市，這種形式是經得起時間考驗的。」

訪談錄：梁伯韜談投資市場今非昔比

梁伯韜認為內地傾向培養自己的資本市場，但也會照顧香港，不會影響香港的金融地位，而投資者追捧IPO的心態，主要跟市場氣氛走。

作為一個資深投資銀行家，梁伯韜80年代已在獲多利工作，他亦對本書表示，他深感投資銀行業已經變質。

1： 你覺得未來香港和大陸的股票市場會怎樣發展？

梁：未來中國的市場還是政府主導，仍然會很大。中國的部門還是傾向國企用H股上市。民企也是，如果去海外就用H股形式，監管比較嚴。另外，中國政府也希望培養國內資本市場的發展；這是對的，這麼大的國家，應該有自己的資本市場。雖然香港也是中國的一部分，但還是一國兩制，同時國內存在外滙管制的問題。不管怎樣，中國都會發展國內的市場，但是他在發展國內市場之餘，也會照顧香港，因為他知道如果沒有這些大型國企來香港上市，香港的IPO也不多，屆時會影響到香港國際金融市場的地位。

2： 紅籌股曾經受投資者熱捧，配售也很受歡迎，你是用什麼方法為紅籌促銷的呢？

梁：有時不是說我們用什麼辦法去促銷，而是市場根本太多熱錢去追捧這些股票，出現了供求失衡、泡沫現象。也有很多人說的，這麼大的倍數超額認購，上市後股價升得很厲害，是否定價有問題？

這個問題可以這樣分開來講：我們的定價是比較客觀的，參考了其他企業，就是說我是比較了解這個企業，知道這個企業的質素是怎樣的。我們也比較了同類企業，或者國際市場，例如把石油公司跟國際石油公司的P/E（市盈率）比較，然後客觀地去定價。

至於IPO認購的行為，那是一些短期的行為，包括一些熱錢追逐股票。有些人抱着IPO「實賺」的心理，也包括一些銀行的推動，例如margin financing（借孖展），就是說只存放5%作按金，或不需要margin，可以借錢買，一上市就拋售，有一些這樣短期的行為。但這些短期行為不等於是理性的行為，短期的市場可以是不理性的，美國也一樣，市場比較成熟，但仍然發生次按危機。

3： 你做了這麼多 IPO，哪一家最有印象，或者算是最成功？

梁：做投資銀行一個比較吸引的地方，就是每一單（上市）都不同，每一間公司都有不同的背景，或者上市時氣候不同，投資銀行比較有趣味的就是這一方面。很難說哪一單印象特別深刻，很多都有印象，包括我剛才說的中信泰富，雖然是買殼上市，但是第一個開始。還有海鴻，每一單都差不多是一個里程碑。就算華盛，它雖然不是一個怎樣的中資公司，但它們都代表了一個階段的開始。從中信泰富到粵海到海鴻，再到上海實業和北控，條件和形式不同，都代表了各個階段發展的里程碑。

4： 哪一間紅籌公司你覺得比較有突破性？

梁：我覺得這幾間都是。例如中信泰富，因為它有這樣的背景，同時那段時間它很成功，令後來同類公司覺得自己都可以上市，包括粵海，它本來比中信買殼還要早，但是它沒行動，是中信泰富挑動了它去上市的想法。也是因為海鴻上市成功之後，招商局開始注入它的資產，包括公路碼頭之類。

所以我覺得每一家有每一家的不同，都有挑戰性和值得懷念的地方。投資銀行可以說是一個有趣的行業。

5： 對香港作為內地企業集資的角色，發展到現在，應怎麼做下去？

梁：我覺得對現在香港資本市場面臨很多挑戰，得看看下一步應該怎麼走，差不多到了一個十字路口。經歷過輝煌的時代，2006年的IPO集資香港排行第一，去年（2007年）回落了一些，因為很多去了A股。後來就說可能愈來愈少H股了，或者是先A後H，香港的角色漸漸就式微了，被國內的A股市場代替。這是必然的。因為香港自己沒有股種，香港已經是一個成熟的經濟體系，也因為香港沒有工業，所以靠外來的公司上市是必然的。

但是中國也有自己的考慮，他也愈來愈成熟，需要發展國內的市場，這也是必然的事實。所以說香港也得看其他地方，不能完全依賴內地。要看看東南亞市場，或者更遠一點，去中東，或者歐洲，甚至蒙古。整個地區去看，香港必須走出去。

但肯定的是，這些國家和地區加在一起都代替不了中國的市場。因為現在的中國已經是全球第三大的經濟體系。也

因為中國的資本市場在前幾年沒有發展成熟，所以香港才有機會跑出來。香港扮演的一直是借人家的時間和空間，如果人家自己可以的話，就不需要你了，你只是在人家沒發展的時候先走了一步，為人家提供這個服務。

服務行業就是這樣，你得想一些新東西出來，就像我當時總是想找一些什麼公司來上市，因為香港沒有工業，你拿一些二三線工業股上市是沒人要的，那就只有逼你去找。那時普通話都不懂，也得去大陸找生意。

6：以前的投資銀行文化是否跟現在很不同？

梁：現在我覺得資本市場有一些變化，投資銀行的文化也有一些改變，這也是我離開投資銀行的一個原因。我覺得投資銀行現在更加追求短期利潤，這也是美資公司帶來的轉變。美國企業有自己一套成功的管理方法。我在美資、歐資公司都打過工，也自己創立過事業。我也比較過不同的文化。

美國企業很注重你的成果，尤其是短期，看有沒有錢賺。其實你看看次按出事都是這樣的。美國企業的文化就是要賺錢，不只滿足預算，還要講市場份額。你不做別人做，老闆會說你沒市場佔有率不行。

所以，美資公司不止是看賺多少錢，它還要看排行榜，你的IPO排行榜是不是三大？不是三大，隨時可能被人炒掉。按揭貸款也是這樣，你不做就人家做，或者你得收購一家回來做，要講市場份額。美國就是這個問題，因為它資金太充裕。

現在很多投資銀行變成了一個大型對沖基金，很大部分利潤是由交易（trading）得來的，是結構性產品（structured products）交易得來的。不是以前我出身的年代，我們那

時叫商人銀行（merchant bank），以諮詢、收費為主的，而不是靠交易。現在的投資銀行很多時候都靠交易去賺錢，是對沖基金。現在的投資銀行出事，是因為它們靠借短錢來投資，槓桿很大……如果槓桿沒這麼大，是不會這麼容易「爆煲」的。如果是純諮詢公司，即使生意不佳，最多減一點成本就行了。就是因為你去做交易，你就得承受這個風險。資本市場的變化有信貸危機，資金一收緊，你就完了。

我自己的出身，是在商人銀行做諮詢，一個可信賴的顧問（trusted advisor），我比較喜歡這樣的工作：幫客戶「度橋」，想想怎樣去融資、收購、投資等等，而不是去炒股。現在很多投資銀行都是去炒股，你看看它們盈利很多都來自交易收入（trading income）。這種方式不是很適合我。

現在就算有商人銀行都是少數，都不是大規模的，傳統的歐資商人銀行都給美國的投資銀行吞併了，包括Schroders，以前是香港三大之一，又如Jardine Fleming。我出身的時候三大行，滙豐是最大的，市佔率70至80%，因為華資大戶都是他們的客戶。第二是Jardine Fleming，第三就是Schroders。Schroders後來跟渣打銀行（Standard Chartered）分了家，Schroders被Citigroup收購了，JP Morgan則收購了Jardine Fleming。滙豐還在，但投資銀行業務就「式微」了。

紅籌股指數成分股表現（截至31/3/2008）

股票編號	紅籌名稱	上市日期 日／月／年	招股價 （港元）	收市價 （截至31/3/2008）	升跌 （%）	市值（億元） （截至31/3/2008）
152	深圳國際	25/09/1972	1.50	0.84	-44.00	11.94
270	粵海投資	08/01/1973	1.00	3.87	287.00	23.63
291	華潤創業	15/01/1973	1.00	25.00	2,400.00	59.66
135	中油香港	13/03/1973	1.00	3.57	257.00	17.30
144	招商局國際	15/07/1992	1.50	36.95	2,363.33	88.91
688	中國海外	20/08/1992	1.03	14.36	1,294.17	111.22
308	香港中旅	11/11/1992	1.00	3.14	214.00	17.88
123	越秀投資	15/12/1992	1.05	1.61	53.33	11.47
203	駿威汽車	22/02/1993	0.6533	3.30	405.16	24.81
992	聯想集團	14/02/1994	1.33	5.00	275.94	44.43
1199	中遠太平洋	19/12/1994	2.88	15.18	427.08	34.08
363	上海實業	30/05/1996	7.28	29.40	303.85	31.50
297	中化化肥	30/09/1996	1.88	7.18	281.91	50.08
1109	華潤置地	08/11/1996	2.36	13.50	472.03	54.32
1052	越秀交通	30/01/1997	3.23	3.70	14.55	6.19
604	深圳控股	07/03/1997	1.85	3.28	77.30	10.47
392	北京控股	29/05/1997	12.48	29.7	137.98	33.82
1205	中信資源	08/09/1997	1.08	2.84	162.96	14.93
941	中國移動	23/10/1997	11.68	115.80	891.44	2,319.90
882	天津發展	10/12/1997	6.60	5.32	-19.39	5.68
506	中國食品	07/10/1988	0.97	4.40	353.61	12.28
762	中國聯通	22/06/2000	15.42	16.38	6.23	223.39
966	中保國際	29/09/2000	1.43	17.86	1,148.95	25.28
883	中國海洋石油	28/02/2001	5.95	11.50	93.28	509.75
836	華潤電力	12/11/2003	2.80	15.30	446.43	63.40
2380	中國電力	15/10/2004	2.53	2.50	-1.19	9.01
906	中國網通	17/11/2004	8.40	22.40	166.67	149.61
606	中糧控股	21/03/2007	3.72	4.70	26.34	16.89
817	方興地產	17/08/2007	2.35	3.15	34.04	15.48
3377	遠洋地產	28/09/2007	7.70	7.65	-0.65	34.24
368	中外運航運	23/11/2007	8.18	5.12	-37.41	20.48
3808	中國重汽	28/11/2007	12.88	7.45	-42.16	16.95
285	比亞迪電子	20/12/2007	10.75	9.91	-7.81	22.52

H股上市 港股變身

第六章

1993-1996

引言

80 年代初，中英就香港前途問題議論紛紛之際，一群證券及監管要員開始穿梭中港兩地，響起國企在港上市的前奏。1993 年 7 月 15 日，青島啤酒開創先河，成為首隻在香港掛牌買賣的 H 股股份，中資股自此在香港證券市場跌宕起伏 15 年，地位一直有增無減。

一手策劃 H 股來港上市的香港交易所前主席李業廣接受本書訪問時表示，1992 年底（第一家國企在港上市在 1993 年）香港股票市場的總市值是 13,300 億元，到 2007 年底時已增至 22 萬億，增長近 16 倍。成交額方面，1992 年的成交額是 6,000 億。

到了 2007 年，22 萬億市值中，內地企業佔了 12 萬億，超過 55%。從成交額來説，它差不多提供了 70%。短短 15 年間，H 股已成為香港股市的中流砥柱。

對於國企來港上市，《信報》早在 70 年代就提出，並且認為中國當時既然向外國舉債，為何不通過香港股市進行集資，開拓另一個融資渠道。

這種在當年聽來好像「天方夜譚」的意見，在 90 年代初不但能成功實現，踏入 2000 年之後，國企更成為了香港股市的主力。在國企來港集資的問題上，《信報》早着先機，扮演了先導角色。

大型國企來港上市

跟隨改革開放的步伐，中國政府在90年代銳意改革國有企業。一方面為籌集市場資金，以支持現代化的龐大開支；另一方面，為借助香港上市的監管模式，扭轉國企長期虧損的形象，以提升經營效率；繼青島啤酒後，大型國企絡繹不絕地赴港上市。

除了國企急需資金、力圖改革外，香港回歸亦為中資股在港的發展提供契機。在中、英談判前期，中國政府已意識到經濟繁榮是穩定香港社會的重要基石，為安定投資者的信心，淡化英資巨擘高姿態撤離對香港帶來的巨大衝擊，中資股擔當起填補市場空缺、穩定市場的作用。

不過，當時國企來港上市困難重重，因為中港兩地的監管法規如何銜接配合，成為一大棘手問題。《信報》建議國

大型國企自90年代初開始紛紛來港上市。

時任港交所理事的梁定邦出席第一家來港市國企青島啤的上市儀式。

聯交所助國企上市

《信報》在青島啤酒在港上市當日，專訪時任港交所理事梁定邦，後報道：「去年(1992年)4月本港開始有關於中國B股應否在港上市的爭論，聯交所上市科屬下的中國小組於是撰寫了一份關於大陸證券市場的研究報告，指出中國未有公司法、證券法，未有符合世界水準的會計制度，其糾紛解決制度亦不為國際投資者認識，加上未有證券監管機構，短期內缺乏來港上市的條件。

「7月中旬聯交所的代表訪問了北京，當時代表團成員多認為應讓中國企業來港上市，會前半小時，代表團成員向聯交所主席李業廣建議設立專案小組，由中港兩地有關部門代表共同組成。當時朱鎔基聽過李業廣建議後，馬上同意。

「聯交所返港後，先後研究多個方式，以便國企股份可在港買賣……研究到最後，大家均同意香港只剩下唯一選擇，就是將國企直接來港上市，須接受本港的全面監管。」

(1993年7月15日《信報》第17版《揭開國企來港上市的來龍去脈》)

企可借香港為上市籌資渠道後的13年，香港聯合交易所在1991年始成立中國研究小組，着手研究中國企業在港上市的可行性，在國務院前總理朱鎔基的協助下，才促成日後中港兩地具突破性的五方監管合作備忘。

連月來，經過通宵達旦的會議，焦點在如何調節國內與海外不同股東要求和不同市場觀點，以及平衡股東利益與公司運作的自由度。最終，中國證監會、香港證監會、上海交易所、深圳交易所及香港交易所在1993年6月19日，在北京大會堂共同簽署《監管合作備忘錄》。這份稱為「五方監管」方案，五方同意通過互相協助和信息交流，加強對投資者的保護，維持公平、有序、高效的證券市場，通過互相協助和信息交流，確保各方的有關法規得到遵守，以及通過定期聯絡和人員交換，促進互相磋商合作。

當年促成《監管合作備忘錄》的港交所前主席李業廣在接受本書訪問時，憶述了第一家國企來港上市的來龍去脈。

「我在1992年初被選為聯交所主席。上任不久，我就做了一個研究，探討聯交所未來發展的趨勢。其中有一個指標，是需要看看我們的市場是不是一個很成熟的市場。

「這個指標是用市值和本地生產總值（GDP）做比較。比較的結果，其他交易所的市值大多低於本地生產總值，香港的市值則大於本地生產總值，是本地生產總值的160%；人家是一百都不到，只有六十、七十，我們是一百多了。那麼這個市場就已經很成熟，可以上市的公司基本上都已經上了市。有哪些公司還可以上市呢？當時看到的是地下鐵、九廣鐵路等，或者是機場管理局，都沒有多少了。所以很明顯，如果我們要發展、靠自己，這個發展的空間很小，所以逼着我們走出去。

「走出去的話，又要看香港的定位。香港的定位應該是中

監管合作備忘錄
MEMORANDUM OF REGULATORY COOPERATION

香港及內地證監簽定《監管合作備忘錄》。

國的國際金融中心,所以我們給中央建議,香港是一個很國際化的平台,可以幫助大陸籌集資金,和進行體制改革。內地很快便接受了我們的建議。

「我們着手一連串的改革規例。當時來說,內地還沒有一部完整的公司法,那麼怎樣保障投資者呢?我們將保障投資者的條款寫出來,就叫做標準的公司章程,在我們上市規章第19章裏就寫了。所有來香港上市的公司都需要用這一套章程,我們叫基本條款。你可以加,但是不可以減,這是最基本的保障。裡面我們有一個保障,當股東和公司有糾紛的時候,你可以用國際準則,不過到現在為止還沒有人用。

「第一家國企來港,是在1992年初開始談的,到了1993年中才有第一間公司成功來港上市。我想講的一點是,我當時建議來香港上市的企業一定要符合國際標準。當時有很多不同的聲音,到底是一步到位的國際標準,還是分成兩個階段?如果兩個階段的話,然後說我是中間,那麼你出世時就是二等公民,二等公民要轉成一等公民就很困難。所以到現在為止,國際間沒有說中國企業是不夠水平的,因為我們一開始就是完全按照國際標準。」

李業廣促成 H 股來港上市，居功至偉。

李業廣：
內地接軌知易行難

李業廣表示，最困難是整個體制都要改革，同時擔心上市之後要接受市場的監管。

「國企還沒來港上市前，我們在北京舉辦了研討會，向國內的金融界介紹什麼是國際規則，我們用兩個星期才介紹完，其餘的時間就由這些會計師介紹什麼是國際會計準則，律師介紹公司法律、企業管治、資訊披露等。交易所又介紹自己的上市規則，證監會介紹它怎樣進行監管。

「當時香港有60位專業人士，60人每人上去講一個小時。當時大家的普通話水平相當低，鬧出了許多笑話。現在就好多了。我們香港很多專業人士都是國際的專業人士，收費是按照國際的標準，跟內地相比，我們是比較貴，但是跟美英比，我們沒有他們那麼貴。」

簽署備忘錄意義大

備忘錄簽署後，中國企業將陸續來港上市，發行H股供海外投資者買賣。李業廣認為，這項創舉對中國和香港有三大意義。第一，過去中國必須對外輸出商品及勞務才能賺取外滙，此後，那些符合香港要求（包括公司法、證券守則及會計制度等）的中國企業，不必實質輸出，只須發行股票便能套取外滙。第二，擴大香港股市基礎，提升香港資本市場的國際地位。第三，令外國投資者有機會直接分沾中國企業的增長，遠較過去只能通過投資「中國概念股」更多元化，香港股市將因為中國企業的上市而更加暢旺及國際化。

1993年7月中，在第一隻來港上市國企青島啤酒的上市

跟朱鎔基每月開會

李業廣憶述，當時朱鎔基是負責金融政策的副總理。

「我們幾乎每一個月都開會，不一定每次都和朱鎔基開，但每一個月都開會，開了很多次會。朱鎔基當時關心的主要是怎麼樣籌集資金？怎麼樣進行體制改革？體制改革是一件很艱難的事，可以說從一個政府部門轉變為一個商業機構，這個轉變很難。

「今天看來，主要有兩個問題；一個是要增加競爭，與世界市場競爭；第二個問題就是體制改革。國企以前都是以地方政府方式運作，企業不僅提供各種贊助，還負擔一些地方政府的功能，就像一個城市，有自己的醫院、學校，什麼都做。我今天回過頭看，國企上市最大的成就，就是體制改革和管理思維的變革。現在上市公司都沒什麼問題了，但是在1992年卻不是這樣。」

港交所理事出席青島啤酒的上市慶祝儀式。港交所前主席利國偉（左一）、中國證監前主席劉鴻儒（左二）、李業廣（右三）及周文耀（右二）。

《政經短評》論國企上市

林行止認為，國企來港上市後，「應趁機全面引進國際最先進的經營管理方法、產品研究及市場開拓策略，並以此為試點、重心，把經濟向全國推廣。這是集資及在公司的規章制度上現代化的另一項重大收穫。」

《政經短評．中港合作範例，國企來港上市》，1993-07-16）

儀式上，李業廣表示，國企來香港上市對香港證券市場有深遠影響。

「第一，它們需要籌集可自由兌換的資金，購置新的器械，引進新的技術，引進新管理思維。而當時中央政府的儲備，如果我沒有記錯，是200億美元，現在就多了兩位數，已經達到一萬幾千億了。第二個需要面對的問題，就是內地企業的體制需要改革。如果只按政府部門的模式去運作的話，就沒法在世界市場競爭，所以體制需要改革。

「香港對上市公司的要求，無論是會計準則、信息披露、管理和標準都達到世界標準。也就是說，內地公司來香港上市，跟香港企業獲得同等對待，大家用同一個標準。上市之後就要接受市場的規管，這個是最重要的。市場的監管包括各個方面：企業本身、股東、傳媒、國際評級機構、證監會、交易所等。上市過程和上市後市場的教育，會逼着這家上市公司的管理層自願去提升各方面的水平，就像會計準則、信息披露等，所以來香港上市，大大加快了體制改革的步伐。

「事實上，在國企控制權不變的前提下，國企印刷股票便能籌集國際流通的資金，相信是聯交所未向中國作出提議前中國官員不能想像的：如今國企成功在港上市，夢幻成真，而從開始討論到成為事實，前後不到一年，可見雙方在合作基礎上的工作效率非常高。」

財經界「鐵娘子」史美倫

首隻國企在港上市後，香港的監管高層亦相繼獲委任中國監管要職。1998年底，剛卸任的香港證監會主席梁定邦受前總理朱鎔基任命出任中國證監會首席顧問；2001年3月，朱鎔基再破格任命史美倫任中國證監會副主席一職，成為首位晉身中國副部級的香港人，其一舉一動都受中港傳媒注視。

史美倫出任中國證監會副主席後，曾提出「三公原則」:「不管你的特色是什麼，市場公開、公平、公正和透明原則是一定要有的，是最基礎的。」上任伊始，她就雷厲風行引進獨立董事、完善信息披露、推進公司治理結構等連串措施，九個月內出台51條有關證券監管的法規條例，80多家上市公司和十多家中介機構受到公開譴責或行政處罰。億安科技股事件、中科創業案、博事基金案、銀廣夏案及三九集團事件先後曝光並立案調查。

對於史美倫在中國證監會的工作情況，《信報》在2001年底節錄一段史美倫接受《人民日報》訪問的內容。史美倫當時透露：「在工作當中，要說障礙，主要是語言溝通方面。普通話到底不是我的母語，尤其是在開會時，想到了但表達上慢半拍，特別是在和別人爭論的時候，總是吃虧。這也可能是我的話有時被人曲解的原因之一吧。」

史美倫雖因作風強悍而被外界冠以「鐵娘子」之名，但奇怪的是，她在任三年半，合約期未滿便以健康為由突然請辭。當時內地正值熊市，並經歷史無前例的監管風暴，有

國企稱為H股，其實是取自香港的英文Hong Kong兩字字首。此後，在中國註冊並在香港上市的企業，便被冠以H股代號。自合作備忘錄後為首隻H股上市的股票，除奠下基礎外，亦開啟兩地證券監管高層直接對話之門。第一家在港上市的國企青島啤酒集資，超額認購約150倍，凍結資金1,400億元。

青島啤酒首天在香港聯交所掛牌買賣，全日收市報三元六角，比招股價二元八角上升28.5%，市場普遍認為表現理想。

「鐵娘子」史美倫出任中國證監會副主席，在任三年半協助內地股市建立更完善的監管制度。

傳史美倫的鐵腕手段損害派系利益，雖然事件的來龍去脈至今仍是歷史「懸案」，但卻反映兩地監管部門在互動磨合方面，並非可朝夕成事。

在新華社報道史美倫離職的消息後，《信報》專欄作家柳葉在2004年9月16日一篇題為《不是史美倫惹的禍》中寫道：「對中國股市來說，本周一是不尋常的一天：繼9日上證指數跌破1300點『鐵底』後，又暴跌26點，再創1260點新低；同一天，有『鐵娘子』之稱的史美倫被免去中國證監會副主席的職務。

「雖然這兩件事並沒有必然聯繫，史美倫於2001年3月被當時的國務院總理朱鎔基請來擔任中國證監會副主席時，就表示『只在內地工作兩年』，如今已幹了三年半，屬於『超期服役』。但此間的媒體有評論隱約表示，史美倫在職三年多，中國股市跌多漲少，從2001年股市見頂的2200多點，到今天跌破苦守5年的1300點『鐵底』，好像都是『監管』及『規範』惹的禍。

「但更多的媒體評論道：史美倫在任三年半，對中國股市的最大貢獻，就是頒布了一系列法規和規範，在制度設計上給股市走向規範打下基礎。所以說，史美倫只是使內地股市的問題提前暴露，這是內地股市和國際接軌過程中必須付出的代價。史美倫走了，我們還是要感謝她。」

國企股注入新動力

大批國企自青島啤酒上市之後紛紛南下，行業分布石油化工、公用電力、電訊服務、工業零售等，在股市的地位亦日益吃重，並獲投資者垂青。恒生指數服務公司遂於1994年8月8日推出「恒生中國企業指數」（簡稱「國企指數」），借此更準確反映中資股份板塊的整體表現。在1994至2001年期間，恒生中國企業指數的成分股數目，由10隻增至54隻。

值得一提的是，由2005年開始，四大國有銀行包括建設銀行、交通銀行、中國銀行及工商銀行均先後以香港作為籌資平台，為港股交投注入新動力。其中，工商銀行更是第一家A＋H股齊發的公司，備受投資者追捧，公開發售的凍資金額超過四千億元，認購人數和金額均打破歷年紀錄。

為追蹤所有在港上市的大型中國金融股表現，恒生指數服務公司亦乘時在2006年11月27日推出中國H股金融行業指數。H股金融指數於推出時共有八隻成分股，包括工行、建行、招行、交銀、中行、國壽、平保及人保財險。

《信報》是「內參」材料

李業廣認為，國企來香港除了集資之外，還提升了他們的管治水平。

「幾家大銀行，工商、中國銀行、建設銀行、交通銀行等等，它們上市吸引了許多海外資金，國際投資者不但對中國的進步有信心，對前景有信心，同時也對中國的體制改革有信心。其中我覺得進步最快的是會計準則。如果會計準則不按照國際規範編製財務報表，投資分析員是無法分析你那盤賬目和業務的，所以這點當時我們很堅持，一定要用國際標準。」

工商銀行上市，創出香港股市多項紀錄。

朱鎔基回應《信報》「赤字總理」社論。

《信報》是「內參」材料

隨着中國企業和資金在香港的影響力日盛，媒體報道內地的宏觀經濟和財金動態也隨之增加，《信報》在不同的評論文章內，不時提出尖銳的意見，據當時流傳的說法，《信報》是領導人經常閱讀的「內參」材料之一，這個傳聞，終於在一次公開場合獲得證實。

《信報》在2002年3月13日的社評以《入世衝擊 赤字總理 弱勢群體》為題，指朱鎔基總理上台之後每一年都是赤字預算，是名副其實的「赤字總理」；結果在3月15日全國人大會議結束後召開的記者會上，朱鎔基特別為此作了回應，他說：「問題不在於財政有沒有赤字，而是赤字的水平是否在承受能力以內，特別是赤字用在什麼地方……我不能接受『赤字總理』這個榮譽稱號，我要把它奉送回去。」

《林行止專欄》對「赤字總理」稱號有一針見血的解釋：「他之『奉回榮譽』，不是『行家』以至見慣財赤的國家論者不理解，而是以國內百姓對公共理財和財政政策缺乏起碼認識的水平，拒絕這個稱號較為穩當。」

（《林行止專欄》，2002-03-19）

上海一直被視為香港在發展金融業上的對手。

李業廣表示，國企來香港上市時的賬目，都是由國際知名的會計公司審核，這對國際投資者也是一個信心標誌。另外關於信息披露方面，企業的管治都達到了國際標準。所以很多方面都有改革，這才得到外國投資者的信任。

「現在內地某些行業來港（上市）可能已來了七七八八，如銀行業，但還有許多其他的（行業），例如鐵路部，國家未來20年每年投資在鐵路網要500億，這個空間很大。還有電網，中國現在有兩個大電網，每個電網投資都有一萬億，或者說一萬幾千億，所以說還有很多空間。」

H股佔港股半壁江山

根據港交所的統計資料顯示，截至2008年2月底，即青島啤酒H股在港上市15年至今，共有106隻H股在港上市，總市值達44,477億元，佔大市總成交48.94%，接近半壁江山。

事實上，自國內股權分置改革2006年中基本上完成，A股歷史遺留的問題大抵得到處理後，中國證監會亦重新開啟新股上市的閘門，大型H股已「學成歸來」，先後回歸A股市場掛牌上市，間接推動內地金融市場改革。由此可見，中資股在港上市起着有效的互動促進作用。

對於香港資本市場為內地集資的角色，李業廣認為，在籌集資金方面，香港扮演的角色可能會減退。「有些內地企業想籌集自由兌換的資金，向海外發展，或者收購海外公司。而國內在會計準則、信息披露等方面都達不到國際標準，這些企業可能會選擇來香港發展，也有些企業覺得自己發展的地區主要在內地，集資可以去上海，不選擇來香港。

「所以說，香港和上海不是在競爭，我們是在兩個不同的領域、市場裏運作，一個是人民幣市場，一個是自由兌換貨幣的市場。」

紐約交易所在 2006 年的集資額一度被香港超越，令紐約市長要下令檢討研究。

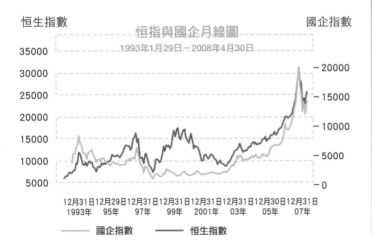

國企指數成分股表現（截至31/3/2008）

股票編號	國企名稱	上市日期 日／月／年	招股價 （港元）	收市價 （截至31/3/2008）	升跌 （%）	市值（億元） （截至31/3/2008）
168	青島啤酒	15/07/1993	2.80	23.00	721.43	150.66
338	上海石化	26/07/1993	1.58	2.68	69.62	85.54
323	馬鞍山鋼鐵	03/11/1993	2.27	4.08	79.74	70.70
1138	中海發展	11/11/1994	1.46	24.45	1,574.66	62.44
525	廣深鐵路	14/05/1996	2.91	4.05	39.18	192.39
991	大唐發電	21/03/1997	2.52	4.13	63.89	203.68
576	滬杭甬高速	15/05/1997	2.38	6.76	184.03	1,117.58
358	江西銅業	12/06/1997	2.55	14.68	475.69	317.66
177	江蘇寧滬	27/06/1997	3.11	7.00	125.08	99.95
347	鞍鋼股份	24/07/1997	1.63	17.76	989.57	57.97
914	海螺水泥	21/10/1997	2.28	53.45	2,244.30	105.42
902	華能電力	22/01/1998	4.40	5.91	34.32	96.93
1171	兗州煤業	01/04/1998	2.42	11.02	355.37	110.41
694	首都機場	01/02/2000	2.68	7.05	163.06	677.22
857	中國石油	07/04/2000	1.27	9.72	665.35	289.45
386	中國石化	19/10/2000	1.59	6.66	318.87	2,080.81
2600	中國鋁業	12/12/2001	1.37	12.58	818.25	180.57
728	中國電信	15/11/2002	1.69	4.88	188.76	231.55
2883	中海油田服務	20/11/2002	1.68	12.76	659.52	195.85
2328	中國財險	06/11/2003	1.80	7.03	290.56	135.04
2628	中國人壽	18/12/2003	3.59	26.75	645.13	509.71
2899	紫金礦業	23/12/2003	3.30	7.44	125.45	1,056.96
2866	中海集運	16/06/2004	3.175	2.95	-7.09	110.65
2318	中國平安	24/06/2004	10.33	55.15	433.88	215.82
753	中國國航	15/12/2004	2.98	6.57	120.47	4,501.66
2727	上海電氣	28/04/2005	1.70	4.75	179.41	761.53
1088	中國神華	15/06/2005	7.50	31.10	314.67	556.86
3328	交通銀行	23/06/2005	2.50	9.09	263.60	487.22
1919	中國遠洋	30/06/2005	4.25	18.88	344.24	1,411.09
2777	富力地產	14/07/2005	10.80	20.65	91.20	242.96
939	建設銀行	27/10/2005	2.35	5.81	147.23	496.15
489	東風集團	07/12/2005	1.60	3.50	118.75	1,990.51
3323	中國建材	23/03/2006	2.75	18.34	566.91	141.21
3988	中國銀行	01/06/2006	2.95	3.32	12.54	209.65
3968	招商銀行	22/09/2006	8.55	26.95	215.20	110.65
1398	工商銀行	27/10/2006	3.07	5.42	76.55	195.85
552	中國通信	08/12/2006	2.20	5.29	140.45	298.00
1800	中國交通建設	15/12/2006	4.60	17.20	273.91	165.44
1898	中煤能源	19/12/2006	4.05	13.56	234.81	2,096.56
3993	洛陽鉬業	26/04/2007	6.80	8.59	26.32	747.41
998	中信銀行	27/04/2007	5.86	4.11	-29.86	2,523.87
390	中國中鐵	07/12/2007	5.78	7.55	30.62	112.63

DE	STOCK NAME		PRICE	SHARE
596	中化比聯六十一購	KC-CP&CC@ECO611	0.77	120000
886	中藥混灘永主股論	SGNOPHOB@BRO611	0.305	200000
311	中國建築	CHINA STATE CON	3.325	777
438	彩虹電子	IRICO	0.375	48000
809	新地比聯六零六購	KC-SHK P@ECO606	0.99	10000
323	馬鞍山鋼鐵股份	MAANSHAN IRON	3.15	10000
755	上海証大	SHANGHAI ZENDAI	0.42	50000
842	中企比聯六零九D	KCHSCEI@EPO609D	0.127	500000
628	浩基集團	TEEM FOUNDATION	2.075	80000
303		VTECH HOLDINGS	38.55	2000
9009	和黃比聯六零六A	KC-HWL @ECO606A	0.225	160000
4791	中壽麥銀六零八C	MBCLIFE@ECO608C	1.34	10000

0 3703.149 (+22.603) ● 上海B股指數

金融風暴 科網爆破

第七章

1997-2002

引言

1997 至 2002 年，香港經歷了兩次大起大落，首先是隨着回歸祖國的日子愈來愈近，香港的前途明朗化，無論是港人或是外資，都漸漸對香港的前景恢復信心，帶動 1996、1997 年股市、樓市齊升。可是，就在香港回歸後的第二天，泰銖忽然大幅貶值，為一場席捲亞洲的金融風暴揭開序幕，香港亦不能倖免，原本升勢如虹的股市、樓市自 1997 年底逆轉，香港更在 1998 年第一季錄得自 1985 年以來首次經濟負增長。

金融風暴期間，港元成為國際投機者肆意狙擊的目標，炒家企圖通過大量拋空港元，以在期、股兩市年取暴利；剛成立不久的特區政府多次入市干預，誓死捍衛聯繫滙率，更於 1998 年 8 月底以 1,200 億元大手買入藍籌股及期指。特區政府雖然力陳入市干預是為了擊退炒家，但國際輿論卻批評特區政府破壞香港自由市場的精神，政府最終雖然成功保住聯繫滙率，但也為入市付出了沉重代價。

1999 至 2000 年，香港股市出現由網絡熱潮帶動的強力 V 形反彈，令人錯覺香港經濟已步出低谷邁向全面復蘇。然而，由於科網股過度膨脹，不少在新成立的創業板掛牌的科網股被拋售，迅速變成「仙股」。加上 2001 年 9 月美國發生的「九一一」恐怖襲擊，打擊全球經濟，香港在「內憂外患」下步入第二次經濟衰退，2001 年第三季，香港的生產總值再一次錄得負增長。

香港人終於發現，本地經濟的最強項仍然是金融服務業，而特區政府也乘着金融風暴和經濟處於調整期之際，再次着手整頓金融市場。本章我們訪問了香港聯交所前主席鄭維健和立法會金融界前代表胡經昌，講述他們親身參與的金融業改革經歷。

97 年亞洲金融風暴

踏入90年代,香港回歸近在眉睫,香港人以至
國際社會開始接受英國即將把香港主權交還中
國的事實,加上中方一再承諾,97後香港實行
「一國兩制」、「港人治港」,50年不變,港人
逐漸建立起「留港建港」的信心,不少早年移民
的香港人也陸續返港謀生,外資亦對香港回歸
後的營商環境重拾信心,形成1996至1997年
初香港經濟勢頭大好,股市、樓市出現一浪接
一浪的升勢。

回歸前夕繁榮盛世

1996年底,恒生指數創下13531點的新高,較1995年升
達34%。中資概念股亦漸漸為股民熟悉;配合回歸效應,
紅籌迅即成為投資市場的新寵。這股紅籌熱潮一直持續到
香港回歸之後。投資者對含有中資概念的股票瘋狂追捧,
以至不少紅籌股的市盈率被炒高至千多倍甚至二千倍,泡
沫現象非常嚴重。

1997年7月1日香港主權移交,英國正式
告別香港。

正達風波令股市散戶對中小型證券行信心盡失。

日資企業失利

金融風暴重創東南亞國家的經濟，更觸發一些投資失利的國際企業接連倒下，其中最轟動的，莫過於知名日資百貨公司八佰伴和日本四大證券商山一證券宣告破產。

八佰伴的最大問題來自母公司，在日本泡沫經濟爆破後，日本八佰伴股價大幅下跌逾八成半，由於無法支付1,600億日圓的負債而於1998年9月18日向法庭申請清盤，香港八佰伴受到牽連一併倒閉。四天後，山一證券也由於債務沉重以致資金鏈斷裂，在成立100年之際突然關門大吉，最後被台資京華證券收購。

香港的樓市飛漲更加驚人，70年代通宵排隊認購樓花的境況再現，以至出現「職業排隊黨」，而買家當然也不局限於用家，更多的是隨即把單位轉手圖利的投機者。這些投機者的行為迅速形成新一輪炒樓潮，不單土地、房產有價，甚至連準買家的揀樓編號也「奇貨可居」，排隊取得的揀樓籌，動輒價值幾十萬元至上百萬元不等。

在炒樓高峰期，無論一手樓、二手樓，以至的士牌，都成為炒家收集轉手的對象。結果，從1996年1月至1997年5月不到一年半的時間，香港中高檔樓盤普遍升值五成甚至一倍，半山豪宅的呎價更於1996年底升破一萬元大關，其中山頂的別墅式單位更升至每呎三萬元。

正當整個社會沉醉於經濟泡沫之際，一場翻天覆地的金融風暴已悄然逼近。

1997年7月2日，香港回歸第二天，泰國中央銀行以浮動滙率制取代固定滙率制，泰銖遭國際炒家狙擊，滙率單日暴跌20%，揭開了亞洲金融風暴的序幕。國際炒家除了狙擊泰銖，也把目標指向馬來西亞、菲律賓、印尼等國。與泰銖一樣，這些國家的貨幣相繼貶值。

港股暴跌四日

這場金融風暴一發不可收拾,很快就蔓延到香港和台灣,97年10月17日,台灣當局決定放棄與美元掛鈎,放任新台幣自由浮動。國際炒家轉而狙擊港元,自10月20日開始的一個星期,在香港、紐約、倫敦大舉拋空港元。香港金管局為了捍衛行之已久的聯繫滙率,不惜與炒家正面交鋒,兩天內共拋售36億美元外滙儲備,同時不再允許銀行結算賬戶出現透支,導致10月23日結算當日,銀行隔夜拆息扯高至280%,最終以高利率擊退炒家。

港股面對風雲色變,連續暴跌四天。利率飆升導致恒生指數在10月23日單日跌去1,211點,10月28日再跌1,438點;在10月20至28日的短短七個交易日,港股從13601跌破一萬點的大關,跌幅達三分一。單是10月21至24日四天,港股市值就蒸發了8,000億元。

1998年甫一開始,接連發生百富勤破產和正達清盤事件,顯示香港的金融危機進一步加深。百富勤是香港華資中最大的投資銀行,除了以其包裝紅籌上市而名噪一時外,該公司亦同時投資於印尼、泰國、馬來西亞等東南亞國家,在1996至1998年間先後參與涉及六個國家的83項債券,發債總額達150億美元,其中印尼公司佔51項。

金融風暴發生後,印尼盾在短短六個月內暴跌八成,印尼債券變得一文不值,百富勤出現周轉困難,1998年1月12日宣告破產。百富勤的起落,特別令業界神傷,更一度被喻為是「亞洲神話的幻滅」。

一周後的1月19日,中太集團旗下的正達財務和正達證券因炒樓失利引致財困申請清盤。事件牽連來自客戶的四億元股票。在1997年股市熱火朝天之際,正達客戶以股票作為抵押,借取孖展加碼下注,正達轉而把該批股票抵押給銀行貸款炒樓。可是金融風暴引致樓價大跌,正達

嘉湖山莊開售時出現排隊買樓花人龍,場面萬人空巷。

梁伯韜（左）與杜輝廉（右）對於
百富勤清盤表現得十分無奈。

資不抵債而無法如期向銀行償還貸款，結果四億元股票抵
押遭沒收，迫使正達宣告破產。

由於壞消息紛沓而來，香港的股市和樓市跌勢加劇，資產
價格大幅調整，負資產湧現，失業率上升。回歸不足一
年，香港在1998年第一季即錄得 -2.8% 經濟增長，是
15年來首次錄得經濟負增長。

激烈的官鱷大戰

國際炒家在1997年7月、8月、10月，以及1998年1月
和6月多次狙擊港元，金管局都以挾息扯高息率，吸引
資金流入，目的是穩定聯繫匯率。可是，踏入1998年8
月，情況轉趨惡化，金管局的接貨量已達60億港元，即
相等於1997年10月的兩倍，香港期指合約超過十萬張，
更是平常的三倍；股票現貨市場則大幅萎縮，每天成交
量只有40億元左右，恒生指數一直跌至6600點的五年新
低，整個金融體系面臨崩潰。

市場開始意識到，炒家狙擊港元，已不是志在從外匯市場
獲利，而是同時在匯市、股市和期市興風作浪，通過大手
拋空港元逼金管局接貨，抽緊銀根，從而扯高同業拆息，
導致股市大跌；另邊廂則大舉沽空期指，在期貨市場中大
獲其利。專家指出，假設炒家沽空二萬張期指，而指數上
落一千點，炒家已可穩袋十億元，但借入港元，若港元與
美元息差五厘，一天的成本只需一百萬元。如此，在過

去數次狙擊港元的行動中，炒家表面上遭金管局擊退，然而，其在滙市上損失的利息，實際已從期指空倉中賺回，而且利潤更遠遠超過沽空港元所付出的高息。

面對炒家「造市」猖獗，金管局必須另謀招數對付。外滙基金諮詢委員會於1998年8月14日早上召開緊急會議後，終決定史無前例地動用外滙基金干預股票、期貨市場，展開長達兩星期與炒家正面「肉搏」的「官鱷大戰」。

市場估計，港府首天動用了40億元外滙儲備吸納藍籌股及買入近萬張期指合約。結果恒生指數單日飆升564.27點，收報7224.67點，升幅達8.47%；成交額達85.5億元，較平日的四、五十億元顯著增加。

同日，港府高調召開記者會，時任財政司司長的曾蔭權聲言「不能容忍投機者在貨幣市場製造混亂和人為高息，以圖在期指累積的淡倉獲利，干預的目的希望炒家要有損失離場」。（《信報》1998年8月15日）

雖然曾蔭權多番強調「介入股市及期指只是為了捍衛聯繫滙率」，但此舉難免引來市場人士揣測港府其實是不能容忍恒指跌勢過急，因而以捍衛聯滙之名挾淡倉托高大市。消息一出，國際輿論惡評如潮，質疑香港一直奉行的自由市場積極不干預制度是否已蕩然無存。

其中，《亞洲華爾街日報》8月17日以《香港的大錯》（Hong Kong's Blunder）為題，直指港府公然入市干預，已直接影響本港作為金融中心的地位，而港府對炒家無計可施，亦說明港元聯繫滙率相當脆弱。

《信報》創刊以來一直堅信「無形之手」是最有效的市場調節機制，對於政府入市打大鱷，《信報》除連日來緊貼事態發展作大篇幅報道外，也分別在8月15日、17日、18日、19日、21日、22日、25日、28日、29日、31日

的社評中作廣泛討論，對於港府為捍衛聯繫滙率不惜以香港的國際聲譽以至真金白銀的外滙儲備作賭注，由一開始就不表認同。

不認同不是因為港府的做法有損聲譽，而是歷史經驗證明，任何政府介入市場的行動都會以失敗告終，只有透過優化既有制度堵塞市場漏洞，才是對症下藥的方法。因此，雖然《信報》最終未能勸阻港府干預市場，在港府與炒家對戰的過程中，仍然力促其「見好即收」，以免陷入「賠了夫人又折兵」的窘境。

市場從此多事

在港府入市首天，《信報》就以《干預愈陷愈深　市場從此多事》為題發表社評，羅列出此舉引發的多個更複雜的問題，指出「這種赤裸裸的干預手法令恒指失去對冲的機能，不能反映期指市場的『預警』作用。假如政府認為期指市場已受操縱，應該由監管當局徹查，或增加期指按金，以加重炒家的成本……政府……以同樣的操縱方式入市干預……令本身的角色混淆；而且政府看好大市，難道炒家不懂乘勢跟進，搭政府的順風車造好倉圖利嗎？

「……市場瀰漫一片淡風。政府選擇在這個時機入市，確可把炒家迎頭痛擊，但如此一來，政府是否已搖身一變成為『另類炒家』？事實上財經事務局和金管局掌握了所有市場資訊，可以看準時機入市，對不知情的對冲投資者是否造成市場的不公平現象？而且，『接近政府消息人士』或各大藍籌財團會否得先機之利，緊跟政府入市而獲利？」（《信報》1998年8月15日）

事實上，如果就港府分別介入滙市、股市和期市挾淡倉，是為了要嚴懲在香港造市圖利的炒家，港府自己亦已捲入造市的行列，與炒家的行為並無二致。換言之，港府作為監察者，卻以這招「以其人之道還治其人之身」的手法對

付炒家，單是這一點，其後遺症已經無法估計。

1998年8月18日，港府在長假期後再度入市，把恒生指數穩住在7200點之上。《信報》翌日以頭版頭條報道，指港府「已改變策略，沒有像上周五般大舉造高恒指……政府也有繼續買入期指，期市整體成交量已大為收縮，不過上周五未平倉合約卻沒有因為政府挾倉而大幅減少。」顯示港府的舉動只是「阻嚇」了新炒家，卻並未「擊退」大鱷。

當天恒生指數收報7210.92點，較上周五微跌13.77點，全日成交52億，市場估計當中有十多億元來自外滙基金。由於8月和9月的期指合約增減相當接近，有期貨經紀推斷，這反映炒家的戰場可能已轉移到9月，即先平掉8月淡倉，再將合約轉倉至9月，到時再造低期市獲利。

港府動用千二億救市

在港府「打大鱷」的兩星期，市場一直密切注視港府動用了多少「彈藥」。到8月28日期指結算，答案終於揭盅。

政府動用1,200億救市，引起輿論極大爭議。

（左起）時任財經事務局局長許仕仁、財政司司長曾蔭權、金管局總裁任志剛會見記者，解釋入市「打大鱷」的因由。

《信報》在8月29日粗略推算，港府在8月14日起的十個交易日，總共動用了逾1,200億元儲備購入大量藍籌股及期指好倉合約。1998年8月28日，恒生指數以7829點收市，較8月13日政府入市前的6600點上升逾1,200點。

特別是在期指結算當天，港股單日成交額由打大鱷前的三四十億元，急增至790億元，還創出歷史新高，估計其中九成由港府購入。港府一方面狂沽9月期指，另一方面則大手掃入藍籌股作對沖。

曾蔭權在事後稱，「港府過去兩星期的干預行動，已使炒家企圖通過操控貨幣市場、股市及期貨市場中獲利的計劃無法得逞。」「炒家不但無法因恒指暴跌而獲利，更要在昨天較早時為8月的沽空期指合約進行結算，即使炒家選擇將8月期指合約轉倉成為9月份合約，也要付出高昂代價。在貨幣市場，許多炒家已為沽空港元合約進行平倉，炒家不能故伎重施而坐享厚利。」（《信報》1998年8月29日）

外圍對沖基金出事

事實上，衝擊港元的炒家損手離場，主要原因是外圍的對沖基金出事。

1998年8月，美國長期資本管理公司（LTCM）傳出瀕臨破產的消息。事緣LTCM有見歐羅將於1999年面世，屆時意大利、丹麥和希臘債券與德國債券息差將會收緊，於是大量購入意大利、丹麥和希臘債券，同時沽空德國政府債券，期望藉着對沖交易獲利。

然而，LTCM勢沒料到，1998年8月17日俄羅斯把盧布貶值，並停止國債交易，此舉引起國際金融市場的恐慌，投資者紛紛撤出新興或較落後市場，轉持風險較低的美國和德國政府債券。結果，德債價格上漲，收益率降低；意債則價格下跌，收益率上升，LTCM面對兩頭虧損。

高槓桿效應是LTCM的致命傷，據悉當時LTCM利用來自投資者的22億美元作抵押，購入價值1,250億美元的證券，然後再以此批證券作抵押，購入總值12,500億美元的衍生工具，槓桿比率達568倍。最終，LTCM在不足四個月間虧損46億美元，資產值剩下5億美元。

美國聯儲局為了避免LTCM倒閉造成美國甚至全球金融市場崩潰，史無前例地召集16間金融機構，合共向LTCM注入35億美元，協助其渡過難關。

LTCM出現危機，使曾向其借貸的銀行、與之持有相同資產組合的金融機構，以及LTCM在金融市場的交易對象，均蒙受不同程度的損失；此外，LTCM的問題亦觸發銀行收緊對沖基金的信貸。在投資環境不明朗以致資金嚴重緊縮的情況下，自9月下旬市場出現大規模平倉潮，炒家終於撤出香港市場。

雖然結算顯示港府略有斬獲,但也只可以說是「慘勝」;
市場憂慮,若港府繼續干預下去,7,000億元的外滙儲備
將很快耗盡。

《信報》社評以《炒家殺不盡　全力護港元》為題指出:「我
們擔心去年八月炒家只是聲東擊西,現在是正面來襲,特
區政府不宜再點起太多火頭;為今之計,應是鳴金收兵,
專注在港元市場,加強捍衛聯滙的機制。假如貪『勝』不
知輸,繼續出擊追殺炒家,港府極可能反陷入港元狙擊者
的重重包圍之中!」(《信報》1998年8月29日)

1998年8月30日,金管局總裁任志剛接受《信報》訪問時
承認所動用的資金高於原先估計,並透露「港府迎戰炒家
一役將改打游擊戰,不會再以『銅牆鐵壁』的戰略對付」

TraHK
Tracker Fund of Hong Kong

港府把「打大鱷」期間購入的大量藍籌股包裝成盈富基金（Tracker Fund），供市民認購。

（《信報》1998年8月31日），意味港府與炒家長達十個交易日的對壘告一段落。

港府打大鱷期間投入1,200億元買入大量藍籌股，並於1998年10月成立外滙基金投資公司，管理這些資產。隨着市況好轉，該批藍籌股升幅可觀。港府原計劃保留一部分，作為外滙基金的長線投資，其餘則有秩序出售。

可是，由於須出售的股票數量龐大，流入市場很可能對市況造成不利衝擊，港府反覆研究，曾考慮將之賣給強積金公司或有意洽購的基金公司或投資銀行，最後決定將總額的六分之一包裝成單位信託基金，並命名為盈富基金，供市民認購。盈富基金於1999年10月底公開發售，認購總額達483億元，港府獲利近200億元。

鄭維健：
香港可維持優勢十年

97金融風暴發生後，政府意識到在投資活動全球化之下，必須加快改革香港的金融市場，以適應世界投資趨勢的轉變，並強化競爭力，鞏固香港作為國際金融中心的地位。因此，當時的財政司司長曾蔭權在1999年3月3日發表的1999至2000年度財政預算案中，提出了三項改革香港證券及期貨市場的措施，分別是一、改善金融市場基礎設施；二、改革規管制度，以及三、把交易所和結算公司股份化並進行合併。

有關第一項措施，曾蔭權委任了時為證監會主席的沈聯濤領導新設立的金融基礎設施督導委員會，研究統一當時的結算安排，引進在整個金融體系內發展直通式交易的技術，以及引入無紙化證券市場。

這又牽涉到把當時的聯交所、期交所和中央結算所合併。自80年代中四會合一以來，聯交所、期交所各有自己的結算公司，政出多頭，互不隸屬，因此難以發展一條龍的證券、期貨和結算服務，政府監管起來亦困難重重。此外，隨着市場的發展，市場參與者已同時在現貨和期貨衍生工具市場進行跨市場買賣，是故，早於回歸前的1996年，當時的聯交所主席鄭維健已建議把聯交所和期交所合併。

政府向立法會提交的文件顯示，1999年6月，政府已取得包括兩家交易所的理事會／董事局、結算公司，以及業內人士支持交易所的合併計劃。經過大約一年的籌備，全資擁有聯交所、期交所以及中央結算有限公司的港交所終於在2000年3月6日成立，並於同年6月27日以介紹形式掛牌上市，首天收報8.25元，較每股資產淨值3.99元升逾一倍。

天時地利的配合

鄭維健於1990年獲邀加入期交所，1991年任聯交所董事，1994至1997年出任聯交所主席，期間曾向當時的財政司司長曾蔭權提交報告，建議把兩個交易所合併，但政府一直按兵不動，直至金融風暴發生，政府認為時機已到，才速戰速決，推動兩所合併，並在短短六個月內順利完成。

同樣，香港之所以能夠成為美國紐約、英國倫敦以外的世界金融中心，鄭維健接受本書專訪時指出，也需要天時地利的配合。鄭維健表示，他任聯交所主席時，仍未看到現在世界的變化。當時他只看到香港一直追隨紐約和倫敦的步伐，期望成為一個像紐約或倫敦的集資中心。

「亞洲的確需要一個金融中心；紐約和倫敦，再加上一個位於亞洲時區的地區，即如倫敦收市後由紐約接力，再而由亞洲時區的一個地區接力，始能組成一個24小時不停

鄭維健説：「香港保持金融中心優勢至少還有十年。」

運作的世界金融體系。

「曾幾何時，東京和新加坡都想爭取成為這個鐵三角中的亞洲部分，可是東京因為太過inward looking，不願與世界融合而失去機會；新加坡則有先天問題，因毗鄰的馬來西亞不能同聲同氣。相比之下，香港佔盡先機，因為香港背靠中國內地，而內地城市又因種種問題，最少十年內都不可能取代香港發展成世界金融中心。

「現在很多人說上海具備最大潛質成為亞洲區的世界金融中心，我看上海其實沒有先天缺陷，有的卻是後天問題。正正因為上海的後天問題，香港最少還有十年。雖然愈來愈多公司到上海上市，可以補足上海的後天問題，但人民幣在可見將來都無法自由兌換，卻是很大的阻礙。」

社會須有國際視野

對於成為世界金融中心的條件，鄭維健認為，不是有人才就夠，更重要的是社會有國際視野。

「關鍵是critical mass，香港早於150年前即有大家庭把子女送往外國讀書，這個風氣比任何亞洲城市，包括東京還要早；在傳統上，香港的公務員累積了某一個年資，又會讓子女出國留學；1949年後，擁有國際視野的上海人南來香港……這些人口足夠在香港形成一個critical mass。

「反觀上海，儘管政府以各種優惠政策吸引外國專才到上海工作，雖然這些外國專才具有國際視野，可是基本決策人都缺乏國際視野，這個critical mass很重要。」

鄭維健當年提倡兩所合併，目的是整合兩所資源、增加協同效應，以加強對外的競爭力。十多年過去，鄭維健再看兩所合併，卻發現這樣做也有點孤注一擲。

倫敦是世界金融中心之一。

「雖然港交所是香港唯一一家交易所,擁有提供企業上市渠道的專利權,但如果人民幣繼續升值,而公司在內地上市又可以獲批如此高的市盈率,他們為什麼還要來香港上市?

「現在的重點是要發展企業融資以外的東西,兩所合併是要把其整合成一個真正的金融交易市場,但如果當年期交所沒有併入聯交所,它可能因為要跟聯交所競爭,會更加積極發展不同種類的衍生產品,例如香港最缺乏的商品期貨。」

至於香港的世界金融中心地位能否永續,鄭維健只抱「審慎樂觀」態度,他認為:「最後香港還是中國內地是『亞洲第一』,毋須太過緊張。朱鎔基當年出訪多倫多時已經說,香港可以做中國的芝加哥,意思是上海才是紐約。不過這是幾十年後的事,人民幣將來怎樣是未知之數,又或者將來亞洲未必只有一個金融中心。中國崛起後,將來亞洲可以有很多個金融中心,百花齊放。

「現在世界公認的國際金融中心只有兩個,就是紐約和倫敦;香港也要有心理準備,中國正努力迎頭趕上。但這不代表香港就要放棄,香港仍然要爭取,仍然有很多方法可以爭取。今天連《時代》雜誌都承認香港是國際金融中心,因此香港不應過分憂慮。」

三年埋首審議工作

《證券及期貨條例》目的是改善對香港證券市場的規管,於2000年3月以白紙草案形式刊憲,向公眾人士徵詢意見;政府於同年11月決定以藍紙草案形式提交立法會審議。當時參與審議有關草案的立法會財經事務委員會委員胡經昌接受本書專訪時,分享了他們審議草案的過程中所遇到的棘手問題。

「證券大法」修訂過時條例

在三項改革措施中,最棘手也最費時的,相信是改革規管制度。87 股災後,政府已提出如何完善香港證券業的規管,並着力把當時有關證券和期貨的法例統一。

97 金融風暴暴露了在國際金融一體化、科技日新月異形勢下,香港既有的金融法例未能處理的問題,例如互聯網交易、財金工具多樣化等,使當時的一些法例的定義變得不合時宜;連帶市場上的不規範行為,以及證監會的權力範圍等,都必須一併檢討。

至 1999 年,政府以證監會早年提出的改革方案《證券及期貨綜合條例》為藍本,草擬了一部俗稱「證券大法」的《證券及期貨條例》,重新修訂十條已經過時的證券相關條例,包括《證券及期貨事務監察委員會條例》(1989 年)、《證券條例》(1974 年)、《商品交易條例》(1976 年)、《保障投資者條例》(1974 年)、《證券交易所合併條例》(1981 年)、《證券(內幕交易)條例》(1991 年)、《證券(披露權益)條例》(1991 年)、《證券及期貨(結算所)條例》(1992 年)、《槓桿式外滙買賣條例》(1994 年),以及《交易所及結算所(合併)條例》(2000 年)。

胡經昌在立法會的四年,大部分時間埋首於審議「證券大法」。

「自從銀行可以從事證券買賣之後,本港中小型經紀行的生存空間備受威脅。過去銀行有意經營股票買賣生意,必須另設附屬證券行,由證監會規管;可是,『證券大法』提出一業兩管,即往後證監會繼續規管證券行,而銀行的證券買賣業務則撥歸金管局管理。條例在業界引起很大回響,主要是在與銀行競爭方面。」

胡經昌指出,一業兩管引起規管銀行證券業務與規管證券行準繩不一致的問題。由於證券業務只佔銀行整體業務的很小部分,因此金管局對銀行證券業務的規管比較寬鬆,用以規管銀行證券業務的資源也相對較少;然而,對證監會來說,由於證券買賣是經紀行的全部業務,因此證監會運用了所有資源進行規管。這是中小型經紀指出的第一個不公平。

「由此衍生的第二個不公平,是相比銀行可以藉着開設分行和於分行提供證券買賣服務拓展證券業務,在證監會的條例下,證券行要開設分行則難若登天,這嚴重削弱了中小型經紀行的競爭力。再加上銀行可向客戶提供的各種優惠和在資源上的協同效應,都是現今中小型經紀行望塵莫及的。而新例要求證券行必須聘請職員專責核數,證券行開設分行又須滿足新例的資本要求等細節,均令中小型經紀行的經營更加困難。」

對於業界指新例明顯優惠銀行，胡經昌進一步解釋：「過去幾屆的證監會行政總裁來自五湖四海，美國的、英國的、澳洲的，都採取寧嚴勿寬的原則，把自己國家最嚴屬的條文加進本港的證券法中，已經出現不同國家的要求無法互相配合的情況，這亦是『證券大法』要理順的一些環節。

「另一邊廂，金管局則指出，該局對銀行的規管包括很多不同範圍，而證券業務只佔其中一個很小的範疇，他們還表明沒有那麼多人手工作，因此在處理上會較寬鬆。可是，證券業雖只佔銀行業務的很小部分，銀行的證券業務卻已佔去整個市場很大部分。」

「證券大法」提交立法會時，已進入了藍紙階段，政府期望立法會在2000年6月前三讀通過。然而，胡經昌在立法會的四年任期內，有三年多的時間埋首有關的審議工作。

「當時，我找過很多業界人士給意見，他們都認同，一業兩管已不能再作政策上的改動，最多只能修訂細則。此外，他們又發現，很多新條文都是從美國、英國和澳洲修訂過來，因此我決定組織一個考察團，於2000年復活節期間到英國倫敦、美國紐約和華盛頓等地拜會官員，了解當地的證券業運作。

「考察回來後，連政府都認同『證券大法』仍有很多細節須作討論，因此再絕口不提要趕6月的限期。結果，草案總共審議了兩年，此外還有很多附屬法例需要跟進處理，一邊做一邊發現更多不同問題。」

立法會終於在2002年3月14日三讀通過籌備經年的《證券及期貨條例草案》。對於一度引起經紀行極大爭議的「一業兩管」問題，條文最終作出了微調；有關規管銀行的證券業務，主權再不全由金管局控制，而是在發現銀行違規時，必須同時向證監會報告。法例並賦予證監會權力，跟進銀行違規事件。

科網股泡沫

1997下半年至1998年，整個亞洲區飽受金融風暴蹂躪，香港也經歷了回歸以來的第一次經濟衰退。1998年，香港本土生產總值下降5.5%，是自1961年有系統統計本地生產總值以來的最大跌幅。資產市場損失巨大，與1997年高位比較，恒生指數最多下跌10,276點，市值減少28,403億元，整體樓價下跌近50%。失業率亦由2.9%上升至4.7%，失業人數達16萬。

李澤楷創造香港科網神話。

金融風暴後，港府有意大力發展創新科技，以徹底解決香港經濟的結構問題。早於1998年3月，首任行政長官董建華就特別成立了創新科技委員會，探討香港如何在已形成的金融中心、商貿中心、航運中心和信息中心以外，再發展一個創新科技中心，作為香港經濟發展的新動力。

香港華資大部分以地產起家，回歸以來樓價大跌，加上港府推出八萬五建屋計劃，眼見今後已再難單靠發展地產圖得大利，紛紛轉型發展高新科技，期望殺出一條新路。

李嘉誠的次子李澤楷早年在美國生活，親身體驗過科網創富的魅力；當他得悉港府有意發展高科技，便乘勢提出仿效美國矽谷，在香港興建數碼港。1999年3月，財政司司長曾蔭權在財政預算案中，首次公布在薄扶林興建數碼港，項目包括四座甲級智能辦公室、一家五星級酒店、零售及娛樂中心，以及優質住宅。政府把項目的開發權批給李澤楷旗下太平洋世紀集團，一度引起八個地產財團群起攻之。

PACIFIC CENTURY CYBERWORKS 電訊盈科   PACIFIC

李澤楷取得數碼港開發權後,積極物色公司借殼上市,最終選擇了星光電訊控股持有的得信佳。本來得信佳只是小型的「仙股」公司,李澤楷收購後,易名為「盈科數碼動力」,並把數碼港項目注入。

盈動於1999年5月4日復牌,股價即由停牌前的0.136元,一度高見3.225元,勁升近23倍,是1973年以來的最高升幅紀錄,收市價仍升逾13倍。盈動當日市值最高達1,000億元,收市仍有590.1億元。李澤楷持有75%股權,意味其身家在一夜間暴漲數百億元。

除了興建數碼港,李澤楷又積極與英特爾、微軟等著名網絡公司合作,進軍資訊網絡領域。到1999年12月30日收市,盈動的股價已達18.1元,市值超過1,600億元,在十大上市公司中排行第七位。

2002年2月底,盈動更成功擊敗新加坡電信,以過千億元向英國大東電報局收購香港電訊。盈動與香港電訊於同年年底完成合併,並易名為電訊盈科。

盈科數碼動力與香港電訊合併後,管理層首次會見記者。

tom.com 招股期間，大批市民蜂擁到銀行索取認購表格。

李澤楷的科網神話一鳴驚人，城中富豪無不爭相模仿，在恒生指數成分股中，拓展資訊科技業務的計有長江實業、中華煤氣、九倉、香港電訊、恒基地產、和記黃埔、新鴻基地產、新世界發展、會德豐、東亞銀行、中信泰富、恒基發展、中國電信、數碼通等公司，幾乎所有大財團都着力開發各式各樣的入門網站。就連業務一向比較保守的香港紅籌公司，也紛紛順應潮流，涉足內地的網絡市場。

創業板誕生

這股網絡風催生了創業板的面世，港交所參考美國的納斯特指數，於1999年中推出創業板，專供一些具盈利前景，卻未符合主板上市要求的公司上市集資。1999年9月，創業板開始接受上市申請，首批成功掛牌的企業接近30家，其中三分一為網絡企業。1999年11月25日，創業板正式啟動。

至此，發展資訊科技漸漸被看成是香港今後的主流路向，含有科網概念的股票數目暴增，而幾乎無一不受追捧；由科網股掀起的新一輪投資熱潮，帶動香港經濟從金融風暴中復蘇。

2000年2月，長實與和黃共同投資的綜合性入門網站tom.com招股，把科網熱潮推向高峰。2月18日公開招股當天萬人空巷，排隊索取申請表的人潮可媲美1997年北京控股上市的盛況。結果，tom.com錄得669倍超額認購，凍結資金更加高達509億元，僅利息收入就有3,000萬元。

tom.com於3月1日上市，股價一度從公開招股時的1.78元飆升至逾15元，成為創業板的龍頭股；上市四天，市值已突破400億元，躋身香港12大市值公司。

可是，在全城都為科網股瘋狂之際，也正是其見頂回落之時。2000年4月以後，美國科網泡沫爆破，網絡股股價大幅下跌，引發全球股市動盪；香港也受到波及，過去半年在創業板上市的科網股，在沒有實質業績支持下，股價迅速插水，同年10月，49家創業板公司中，已有36家跌破招股價，至年底，創業板公司的市值，更平均蒸發了七成，曾經被視為帶動香港經濟全面復蘇的網絡神話正式破滅。

科技熱潮減退

網絡熱潮之所以只是曇花一現，一個很主要的原因是科網股發展過急。過去香港以發展金融、地產為主，從來不熱中創意產業，也不曾着力培訓這方面的研究人才。

資料顯示，截至2000年9月底，全港共有1,540家科網公司，較一年前的199家增加七倍，註冊的網站共有41,969個。可是，這些科網公司和網站的業務性質大多雷同，投資巨大卻沒有盈利能力。當這些科網公司長期缺乏實質業績支持以致連年虧損時，最終只會被股民唾棄，難逃破產倒閉的命運。

由於創業板充斥大量以科網概念掛帥、質素卻良莠不齊的公司，這些公司在科網泡沫爆破後都面對股價暴跌的問題，逾四成變成仙股；創業板的市值持續萎縮，剛成立時只有18家公司，總市值867億元，至2002年底，雖然上市公司的數目已增加九倍至163家，總市值不但沒有同步上升，反而縮減至536億元。

後來，包括tom.com在內頗具實力的創業板公司紛紛轉往主板上市，加上深圳中小企業板啟動，香港創業板從此被標籤成次等交易市場而乏人問津，陷於持續低潮。

其實，創業板的概念最先也是由鄭維健提出的。事隔十年，鄭維健接受本書專訪時也談及，當年構思在香港創立第二板的原意是吸引內地的公司來港上市；如果和深圳合作，創業板很大機會會成功。可是，97前社會並未接受與內地融合，因此當年在文件中使用「integration」一詞，也給政府刪除了。

鄭維健認為香港的市場太小，如果創業板的範圍只局限在香港，是不可能「搞得起」的。談及這幾年創業板仍然沒有起色，他坦言，創業板時機已過，再沒有可能起死回生了。

創業板
wth Enterprise Market
xchang Hong ng 香港 合交易

仿效美國納斯特市場的創業板於1999年11月25日正式啟動。

有「聯滙之父」之稱的經濟學家祈連活接受本書訪問時表示,在1997至1998年的金融風暴後,本港出現經濟轉差及通縮等問題,正是為實行聯滙而付出了無可避免的代價。不過,即使是那些跟隨貶值的國家,像泰國、印尼及南韓等,最終都要遇上資金嚴重流走,以及有大量企業及個人破產。經濟並非全是直線發展的。

1999至2000年,香港經濟在科網熱潮帶動下恢復增長,但資產價格下跌、通貨緊縮,以及失業率上升等問題並未徹底解決。隨着科網爆破、外圍經濟環境轉差,以及2001年發生的「九一一」恐怖襲擊,香港再次陷入新一輪的經濟衰退。

香港變天 中港融合

第八章

2003-2007

引言

2003 年對不少香港人來說是無法忘記的一年，隨着科網股熱潮在 2000 年曇花一現，帶給香港人短暫的復蘇錯覺，經濟低迷的境況很快又打回原形，失業率不斷攀升，政府財政在 2002 年更錄得破天荒的 500 多億元赤字，社會上籠罩着一片低迷氣氛，加上「世紀疫症」沙士來襲，令旅遊業、零售、消費服務等行業受重創，恒指在當年 4 月 25 日跌入了 8,331 點谷底。

除了經濟不景和沙士肆虐，政府更在 2003 年硬推二十三條（即《基本法》第二十三條有關香港自行制訂保障國家安全的立法），令積累多時的民怨如決堤般一發不可收拾，終於導致 2003 年 7 月 1 日 50 萬人上街遊行，表達對特區政府的強烈不滿。事件成為多家國際媒體的頭條新聞，中央政府也始料不及，驚覺港人的憤懣到了如斯嚴重地步，特區政府實際上已出現管治危機。

為了挽回大局，北京在 2003 年落實與香港的 CEPA 協議，開放內地旅客來港自由行，更加快批准多家大型國有銀行來港上市，一系列的「救亡措施」，令香港經濟迅速從谷底反彈。港人驀然回首，終於發現香港的真正出路是加快與內地融合，而在融合的過程中，香港金融業一枝獨秀，顯露出遙遙領先其他行業，也拋離內地其他城市的優勢，香港股市成功為內地幾家大型國有銀行上市集資，更奠定了香港國際金融中心的位置。

在本章我們訪問了港交所行政總裁周文耀，介紹了香港如何打造出金融中心的經過。

沙士疫情重創經濟

2003年3月，香港爆發了一場前所未有的疫症，造成近300人死亡，逾千人入院。疫症名為嚴重急性呼吸系統綜合症（Severe Acute Respiratory Syndrome, SARS），又名「沙士」，當時，700萬港人被病毒陰霾壓得透不過氣來，在人人自危的氛圍之下，大多數港人深感擔心、焦慮、無奈——人人都擔心會感染上此不治之症。

香港謠傳變疫埠

2003年4月1日愚人節，香港更傳出可能會成為「疫埠」的謠言，市面上出現搶購糧食的情況，不少市民爭相到超市購買食米及罐頭。《信報》在2003年4月2日的社評，分析了沙士如何衝擊香港的民生和經濟：

「香港昨天出現近二十年來未見的超市搶購潮，上一次出現搶購米、油、廁紙等日用品，是1983年因中英前途談判觸礁，港元急挫，人心虛怯，但昨天傳出香港成為疫埠之說，不但未經證實，而且即使宣布為疫埠，香港的商品進出口也不會受影響，何須急於搶購……中國政府處理這次肺炎事件，正受到愈來愈大的非議，經美國媒體炒作之後，內地處理奪命肺炎的手法成為了眾矢之的，加上台灣又利用這個機會攻擊大陸不負責任，不顧人民死活，事件迅速升級成為另一場政治角力。」

沙士除了肆虐全港，更擴散至亞洲地區，可是禍不單行，美國總統喬治布殊決定開打第二次波斯灣戰爭。同年首季，戰爭陰霾導致全球股市下挫逾3%。

九龍灣淘大花園E座是沙士爆發的重災區，其後專家發現U形水管是病毒溫床。

在外憂內患之下，港股在2003年4月25日下跌至谷底的8,332點。

沙士疫症前後肆虐本港一百天，共有1,755人感染，當中包括321名淘大花園的居民、378名醫護人員受感染，其中299人不治，疫症期間1,262人受隔離。負資產家庭高達十萬零六千宗，樓價由1997年高峰大挫近七成（中原城市領先指數在1997年7月的100點，大瀉至2003年5月30日最低的31.34點），破產管理署公布3月有3,119人宣布破產，按月升18.1%。一大堆冷冰冰的數字，道盡香港經濟一沉不起的困境，大部分港人在失業、破產、負資產下信心盡失。

疫後經濟　百廢待興

市民經過三個多月的煎熬後，到了2003年5月23日，世衛組織終於宣布撤銷香港的旅遊警告，翌日本地一日遊旅行團增至百多個，政府更推出59項海內外宣傳、商業推廣、旅遊、娛樂、體育及文化活動，重建受沙士打擊後的本港經濟。

政府建議財委會緊急撥款10億元，資助由三個政策局、五個政府部門、香港駐外經貿辦事處、貿易發展局和旅遊發展局等負責的59項活動，其中旅遊和本地消費活動預計動用4.17億元，舉辦大型體育和文化節目則動用2億元。

「亡羊補牢，未為晚也」。港府在重建「後沙士經濟」時急於求成，豪擲10億希望搞活經濟為市面沖喜。《信報》於2007年4月在社評則指出，除了重振經濟，也要找出防治沙士、增強公共衛生防護系統，才是治本之道：

「表面上，由前財政司司長梁錦松領導的『災後』振興工作小組肩負的責任最重（從其可動用10億元撥款可見一斑），但現階段實際可做的工作並不多。下一階段應該做

「沙士後振興工作小組」由前財政司司長梁錦松領導，動用10億元撥款重振本港經濟。

「維港巨星匯」引起軒然大波，政府當初因籌備倉卒，更用了1億公帑墊支而備受批評。

的，是中港聯手合力遏止沙士疫情，讓中國大陸也能夠在短時間內走出困境，只有如此，香港的經濟生命線才能夠重新打通，中港融合的步伐才能夠再次發揮作用。

「溫家寶總理昨天在國務院會議上開始聽取沙士對當前內地經濟造成影響的報告，在最近一個月不斷強調抗炎之後，領導層開始注意到『疫情對經濟的影響日益顯露』，要『一手抓防治非典，一手抓經濟建設』，可見疫症正在造成愈來愈大的破壞；治本之道，還是要找出防治沙士的良方，令外國對內地和香港重新恢復信心。我們認為，香港稍後建立的疫病預防控制中心應該邀請內地專家參加，將防控傳染病的工作擴展至整個大中華區。」

由政府籌辦的「維港巨星匯」本來是為重建經濟而舉辦的一場重頭戲，卻掀起了軒然大波，政府當初因籌辦倉卒，未能詳細考慮，加上舉辦機構又缺乏經驗，自當局披露最多要用1億元公帑墊支時，輿論譁然。其後十個贊助商因爭拗太多退出，一些本地歌星亦因酬金較外地歌星少而辭演，以致門票銷售情況未符理想，一場原意為「沖喜」的活動，結果黯然收場。

惡法禍港 糊塗特首
無可救藥

大地有正氣

2003年7月1日,50萬名市民上街參加了「七一大遊行」,一步一腳印地寫下本港歷史的新一頁。

董建華在2005年3月10日以健康為理由,向中央請辭,並在同年出任第十屆全國政協副主席。

香港當時可謂內外交困,連續五十多個月的通縮和佔本地生產總值超過5%的財政赤字,加上禽流感和沙士先後來襲,從經濟到公共衛生,香港突然陷入重重危機;在政治上,正如國務院前總理朱鎔基批評特區政府「議而不決,決而不行」,政府的政策左搖右擺,最終導致天怒人怨,觸發市民上街表達不滿。

當時市民最不滿的,是港府處理二十三條立法的硬銷手法。港府已於2002年9月24日頒布了《實施基本法第23條諮詢文件》,就原來香港法例中留下空白的分裂國家行為與顛覆國家罪提案諮詢;議案由當時的保安局局長葉劉淑儀負責推銷,其咄咄逼人的言論激起新聞界的憂憤。

二十三條觸發大遊行

2003年7月3日,《信報》創辦人林行止在《林行止專欄》以《特區牽一『法』報業動全身?》為題,在《信報》創刊30周年的紀念日當天,憶述辦報的心路歷程及宗旨,以及表達對二十三條立法的憂慮。

「只是草案條文使我們看後心情直往下沉,以言入罪與警

權擴張的威脅，使新聞工作者感到頭上果然晃亮着律政司司長梁愛詩女士所說的那柄刀！大難臨頭的感覺打消了我們逢五逢十舉行『慶祝酒會』的興致。當保安局局長葉劉淑儀女士於上周末嚴正聲明，特區政府將不會再就《國家安全（立法條文）條例草案》作出修訂，強調政府已盡力修繕，處理了所有合理憂慮，筆者對於這樣不必要的倉卒立法，委實失望。

「《基本法》第二十三條立法後，將如何影響香港報業？筆者曾經在這裏寫道：『傳媒是二十三條的高危一族，（立法後）從事新聞工作的自由度難免有所調整，除非是抱着革命熱誠又或衝着罔顧現實的任性，否則業界便要認清事實才能掌握分寸。』如果特區政府官員態度不變，二十三條立法按原來的思路進行，那對香港新聞界來說，確是非常不利。經過群情洶湧表態後，現在就看政府會否拿出誠意，彌補可能出現的疏漏，在《草案》上加上保障各種包括人權自由觀念在內的補充條款。如果日後通過的法例與現在我們所能理解的相距不遠，辦報便將隨時誤蹈法網，屆時我們便得因應《信報》是否能夠繼續辦得下去。」

結果，行政會議在6月28日的特別會議上，仍堅持對二十三條的內容不作任何讓步，最後，二十三條通過在即，加上香港人對回歸以來的經濟低迷、飽歷沙士創傷等怨氣，終於觸發2003年7月1日的50萬人大遊行，規模之大，史無前例。

2003年7月6日，自由黨主席田北俊向前行政長官董建華表明立場，要求二十三條押後立法，田北俊更因此而辭去行政會議職務，結果政府知道在立法會內沒有自由黨的票數支持，法案肯定無法通過，最後只好宣布撤回。

《信報》獨家報道董建華辭職

經歷了2003年的內外交困，民怨沸騰，五十萬人上街遊行，令特區政府陷入前所未見的管治危機，終於導致前任行政長官董建華在第二屆任滿前提早下台；董建華辭職的消息，正是由《信報》率先獨家披露的。《信報》在2005年3月1日的頭版報道：

「金融市場昨天流傳，董建華已經決定辭去行政長官一職，而政務司司長曾蔭權將暫代時代理其職務，並將依《基本法》在六個月內選出新的行政長官。」

一石激起千重浪，消息刊出後當天，行政長官辦公室一直沒有就本報的報道作任何回應，到了3月1日晚，電視台也終於報道了同一消息，各報章翌日於是紛紛以董建華辭職的新聞作頭版頭條。

但是，政府對有關消息一直不予證實，也不加否認。直至3月10日，董建華終於在前赴北京參加一年一度的全國政協和人大會議前夕（董先生在當年的「兩會」獲委為全國政協副主席），公開證實他因為「健康理由」而向北京請辭。《信報》獨家披露的消息經過近十天方才獲得官方「證實」。

董建華提早離任之後，香港的政治氣氛逐漸緩和，2003年的痛苦回憶，也隨着政壇人物「面目全非」而逐步走入歷史。

CEPA 及自由行救港

因應連串風波和民怨沸騰，北京開始調整對香港的政策，特別是針對香港人因經濟不景而衍生的憤懣情緒，中央決定推出多項措施，協助香港經濟復蘇。

2003年6月29日，內地與香港簽署了CEPA（Closer Economic Partnership Arrangement，「更緊密經貿關係安排」）的主體文件，雙方再於2004年10月27日及2005年10月18日簽署了第二階段及第三階段協議。CEPA的主要內容包括零關稅優惠（貨物貿易自由化）、服務貿易對外開放和貿易投資便利化。

CEPA第一階段於2004年1月1日實施，273項香港製產品可即時以零關稅進入內地市場，較其他地區產品進口節省關稅最高可達35%。17個服務行業的香港公司可以優於入世承諾的條件為內地客戶提供服務。此外，第二、第三階段亦分別於2005年1月1日及2006年1月1日生效，進一步擴闊內地對香港開放的貿易產業範圍。

除了貿易範疇外，CEPA帶給香港最大的優惠，就是為香港金融業發展帶來新契機。在CEPA正式簽署的翌日，《信報》即以頭版全版報道，頭條標題是《港銀行進軍內地資產門檻降至60億美元》。

在CEPA實施之前，香港銀行要進入內地經營，資產要求為二百億美元，全港只有滙豐銀行、恒生銀行、渣打銀行、東亞銀行和中銀香港符合資格。然而，隨着CEPA放寬對香港銀行的資產要求，本港有多八家中小型銀行可在內地經營，分別是星展銀行旗下的道亨銀行（當時尚未

內地與香港關於建立更緊密經貿關係的安排簽署儀式
Mainland and Hong Kong Closer Economic Partnership Arrangement Signing Ceremony

易名）、中銀香港附屬的南洋商業銀行和上海商業銀行、中信嘉華銀行、工銀亞洲銀行、永隆銀行、大新銀行和永亨銀行。

根據中國銀監會的資料，CEPA生效首年，中國銀監會已批准永隆銀行、上海商業銀行、大新銀行、永亨銀行和中信嘉華銀行在內地開設分行，逾90%符合資產要求的香港銀行已獲准進入內地。

截至2007年底，則共有14家香港銀行在內地設立23家分行和6家外資法人機構；港資銀行在內地的資產總額為359.03億美元，較2006年增長24.47%，佔所有外資銀行資產總額的26.18%。另一方面，中國銀行、中國工商銀行等12家內地銀行也在香港設立了23家分支機構，在港的業務取得良好發展。

為了符合進入內地市場的資格，一些香港中小型銀行開始醞釀新的併購重組，另有一些在境外註冊的銀行也陸續在香港註冊，例如渣打銀行（香港）有限公司於2004年6月在香港註冊成立，美國花旗銀行香港分行零售業務於

香港跟內地在2003年6月29日簽署CEPA的主體文件。

CEPA有關內地對香港在金融業提供的承諾撮要

範疇	加強合作領域
銀行	香港銀行及財務公司在內地設立分行或法人機構的資產規模要求均降低至60億美元。 香港銀行內地分行申請經營人民幣業務時,在內地的最低開業年限要求由3年降至2年。有關盈利性資格的審查,亦由內地單家分行考核改為多家分行整體考核。
證券	同意批准香港證券交易所在北京設立辦事處,香港專業人員亦可依據相關程序在內地申請從業資格。
保險	香港居民中的中國公民在取得中國精算師資格後,毋須獲得預先批准,可在內地執業。 允許香港居民在獲得內地保險從業資格後在內地執業。 將香港保險公司參股內地保險公司的最高股比限制從現行的10%提高至15%

資料來源:2003年6月30日《信報》

2005年7月轉而在香港註冊成立花旗銀行(香港)有限公司。

除了開放香港銀行在內地經營,中央同時允許香港銀行開辦個人人民幣業務,包括存款、滙兌、滙款、信用卡業務。而香港銀行在內地分行經營人民幣業務的最低開業年限,亦由過往的三年降低至兩年。

港銀行准辦人民幣業務

香港銀行獲准開辦人民幣業務,被視為是香港發展成人民幣離岸中心的第一步,並配合內地同步實施的內地同胞以自由行訪港計劃,讓旅客得以在港使用內地發行的人民幣提款卡提取港幣現鈔購物消費,此舉在方便內地旅客的同時,亦直接令本港的零售業受惠。

截至2007年4月底,共有38家香港銀行提供個人人民幣服務。近年市場憧憬人民幣升值,加上人民幣存款息率相

對港元為高，香港對人民幣的需求不斷增加。2007年7月適逢香港回歸十周年，國家開發銀行更推出首種在港發售的人民幣債券。

內地人口的儲蓄率奇高，他們代表着龐大的消費力，因此逐步開放內地省市同胞來港自由行，亦是CEPA對促進香港經濟的重要貢獻之一。2003年7月28日，第一期港澳個人遊率先開放廣東省四個指定城市，並逐步開放49個自由行城市，內地遊客源源不絕南下本港旅遊消費，不僅為本港低迷的旅遊業和零售業「輸血」，也開拓了更多服務業職位。

自由行持續為本港旅遊業注入客源，根據旅遊發展局公布，2007年全年訪港旅客創下超過2,816萬人次的新高，較2006年的2,525萬人次上升11.6%，其中來自

自由行為本港旅遊業注入客源，2007年的訪港旅客創下超過2,816萬人次的紀錄。

CEPA有關貿易投資便利化措施撮要

範疇	加強合作領域
通關便利化	建立雙方海關訊息通報制度，探討數據聯網、發展口岸電子清關的可行性。
商品檢驗檢疫、質量標準、食品安全	加強雙方在機電產品及其他消費品檢驗監督、產品認證認可及標準化管理等方面的合作。
中小企業合作	加強雙方中小企業的訊息交流，組織雙方中小企業交流與考察。
中醫藥產業合作	加強雙方在中醫藥法規建設，推動中醫藥產業化和走向國際市場。
電子商務	加強雙方在電子商務規則、標準、法規的研究和制定，加強電子商務合作。
貿易投資促進	共同開拓國際產品、工程市場方面的合作。
法律法規透明度	內地方面注意到，香港在法律法規透明度的建設方面有良好基礎，雙方將加強合作，努力為兩地工商企業提供資訊，為促進兩地經貿交流奠定基礎。

資料來源：2003年6月30日《信報》

內地的旅客首次高達1,548多萬人次，較2006年上升13.9%，並佔2007年訪港旅客總數的55%。「為有源頭活水來」，中央開放個人遊的大門，令內地旅客佔了本地旅遊業的半壁江山；更重要的是，他們在港大量購物，帶動香港的內需增長，使香港得以迅速步出通縮的陰霾。

隨着2003年第三季起訪港遊客人數大幅回升，加上出口持續暢旺，全年的實質本地生產總值上升3.3%（2002年及2001年的升幅分別為2.3%及5%），通縮在2003年8月結束。

2004年3月9日《信報》的《林行止專欄》點出了中央政府以經濟手段「挺港」帶來的新局面：

「在更好地利用香港，務求使香港成為中國的服務中心的政策下，北京會加強對香港的利益輸送（天下沒有免費午餐，亦沒有無償的『援助』，所有王道的政策均是雙贏，香港受惠，中國亦可得益，這還是最有效運用其『過量』外滙盈餘的好辦法），除了加強在『更緊密經貿關係安排』（CEPA）的框架下『經濟挺港』，中央政府亦計劃在短期內首次『開放資本流』——過去只有資金流進中國，今後中國企業亦可直接投資包括香港在內的海外地區，資金動力大，資本市場活躍，其有利於香港的金融市場，自不言而喻。」

QDII 姍姍來遲

如果說1997年7月1日是香港主權回歸，簽署CEPA可說是香港商貿的回歸。CEPA的簽署肯定是正面信息，正在全力「擴大內需」的內地市場對香港貨物關卡逐步取消，在促進有形及無形的香港產品內銷上大有幫助，效益十分巨大。

2003年爆發沙士之後，市場一度盛傳QDII將與CEPA

中國銀行股份有限公司
慶祝中國銀行股份有限公司H股成功上市
Celebration for the Successful Listing of H Share of Bank of China Limited

中國銀行於2006年6月
1日在港交所上市。

一起推出,並納入CEPA條文的一部分,以同時放寬內地的資金投資港股。可是,由於有關當局對落實QDII意見分歧,主要憂慮措施衝擊內地A股市場、導致大量資金流出等,因此有很長一段時間「只聞樓梯響」。結果,在千呼萬喚下,QDII之門終於在2006年6月徐徐打開。

QDII(Qualified Domestic Institutional Investor,合資格境內機構投資者)最早於2001年7月港府舉辦的一個有關鞏固香港國際金融中心地位的研討會上提出,期望通過有關政策振興香港的金融市場。其後,沙士把香港經濟推進谷底,市場對中央盡早落實QDII的呼聲更加高漲。

QDII推出之際,正值A股市場進入牛市、人民幣持續升值;加上QDII最初落實時,只准許合資格機構投資定息產品,卻未能直接投資港股,因此首半年內地股民的反應只屬一般。即使如此,這項「北水南調」的政策,或多或少對香港仍有一定裨益,截至2007年10月,已建倉的QDII達230億美元,市場估計流進香港市場的基金QDII約100億美元。

工商銀行於 2006 年 10 月 27 日首次以
「A+H」股發行，在港滬兩地同步上市
集資。

三大國有銀行來港上市

中國加入世界貿易組織（WTO）以後，內地的金融業面臨
巨大挑戰。中國對世貿承諾只有五年的過渡期，在過渡期
能否把金融體系建好並發展起來，是非常嚴峻的課題。
根據巴塞爾協定，銀行界必須具備高於8％的資本充足比
率。因此，四大國有銀行首先面對的問題，就是資本金充
足率未達標的問題。

2003 年底，四大國有商業銀行開始實施股份制改革，為
日後上市集資作好準備。繼 2005 年 6 月首家內地註冊的
交通銀行率先在港上市，集資 149 億元後，建設銀行也不

遑多讓,隨即於10月公開招股,成為首家實行股份制兼成功在海外市場掛牌的國有銀行;由於招股反應熱烈,更在國際路演期間提價,仍錄得40倍超額認購。

事實上,建設銀行也是首隻以全流動方式上市的H股,在港公開集資716億元,在當時已打破香港歷年的集資額紀錄,更創下同年全球最大規模首次招股的紀錄;由於受到海外投資者追捧,在港掀起了投資國有商業銀行的熱潮。

工行以「A+H」股同步在港滬兩地上市集資發行,圖為在上海證券交易所的上市儀式。

踏入2006年,中國銀行和工商銀行相繼完成股改並順利在港上市,其中工商銀行公開招股,可以說是把過去兩年大型國有企業來港上市的熱潮推向高峰。工商銀行是首隻「A+H」同步上市的國企股,也是有史以來全球集資金額最大的新股。

工商銀行招股吸引5,000億美元爭購,單是香港公開發售部分就超額76倍,凍結資金逾4,000億元;此外還創下多項IPO紀錄,包括全球歷來集資額最高(1,708億港元)、在內地認購的資金最多(7,810億元人民幣),在港認購的資金最多(4,237億元),以及認購的人數最多(97.7萬人)等。

工商銀行 2006 年上市破紀錄項目

1	全球集資額最高新股(1,708億元)
2	內地認購資金最多(7,810億元人民幣)
3	香港認購資金最多(4,237億元)
4	認購人數最多(977,000人)

「十一‧五」經濟峰會專題小組討論重點

商業及貿易	金融服務	航運、物流及基礎建議	專業服務、信息、科技及旅遊
·在國際及內地發展品牌 ·開拓全國內銷市場 ·面對廣東省的環保挑戰 ·推廣香港服務業，並深化CEPA	·通過發展股票市場、資產管理中心、商品期貨市場、外滙期貨合約及保險中心，鞏固國際金融中心地位	·提高跨境貨車運輸效率、促進資訊科技的應用、改善香港國際機場的設施，以及增強香港港口和航運業的競爭力 ·建立高層次跨部門統籌協調機制，以制訂整體跨界基建發展策略 ·優化跨界交通網絡，提升香港競爭力	·以短期及中長期措施，深化CEPA ·建立粵港科技創新平台 ·進一步推廣「一程多站」主題式行程

工行招股屢創紀錄

工商銀行於2006年10月27日正式掛牌，翌日《信報》以頭版報道，指出工商銀行首天上市，即刷新港交所多項紀錄：

「一、 由於眾多投資者向隅，未能在招股時獲得股份，工商銀行昨天的二級市場買賣更創新高，在下午交易時段，工商銀行股份的價格輪候隊伍錄得8,000個買盤，是單一價格輪候隊伍買盤數目的新紀錄；

二、 單是工商銀行一家公司的成交金額，已相當於近期港股所有產品交易的總額，可說是『一股擎天』；

三、 工行昨天成交金額高達375億元，也是單一上市公司於單一交易日歷年來最大的成交金額；

四、 工行昨天成交金額甚至遠遠拋離滙豐控股（0005）1998年8月28日的成交紀錄，即約248億元，但關鍵是當天因港府入市打擊炒家，是人為因素促成，工商銀行則是真正的市場需求。」

此外，在香港上市的工商銀行更獲中央多項「恩准」，例如在上海買賣的A股、在本港買賣的H股和窩輪同日開賣，掛牌當日起亦可立即沽空。

2006年資本市場包括IPO和併購的集資額高達7,565億美元，較2005年5,993億上升26.2%。在全球十大IPO中，中國佔去三席，美國佔二席。

由於得到工商銀行上市之助，2006年本港的資本市場在首次公開招股集資金額、總市值及成交金額等多方面都創下紀錄，通過首次公開招股集資的總金額達到港幣3,422億元的歷史高位，首次成為全球第一，較2005年錄得的港幣1,915億元大升79%。在港交所主板新上市的國企股由2005年的九家，增至2006年的十七家。在本港首次公開招股的企業中，有兩成九是國企，較2005年的一成半顯著增加。

先工商銀行一步於2006年5月底在港招股的中國銀行，集資額也超過了867億元，佔全球歷來最大的IPO中排名第四位，僅次於1998年日本的NTT DoCoMo集資1,430億元，以及1999年意大利能源公司Enel集資1,352億元的規模。

直至2007年12月底為止，本港上市公司增加至1,220家，較1997年增加516家。港股於2006年年底市值更超越多倫多及法蘭克福，晉升為全球第六大的股市，市值飆升至20.894萬億元，較1997年的3.202萬億元大增17.68萬億元，令全球金融界刮目相看。

經濟峰會圖與內地達共識

沙士爆發後，香港加快與內地融合已成了經濟發展上不可逆轉的趨勢。港府為抓緊內地「十一·五」規劃帶來的機遇，特別於2006年9月11日舉行一個名為《「十一·五」

《「十一·五」與香港發展》的經濟高峰會在 2006 年 9 月 11 日舉行，邀請各界專家發表意見，以鞏固香港金融中心的地位。

與香港發展》的經濟高峰會，邀請熟悉內地政策的專家出謀獻策，以鞏固香港作為國際金融中心、國際貿易中心以及國際航運中心的地位。

港府特別重視峰會就金融業發展方向的討論，全體會議討論文件表明，「金融是香港未來各行業中的重中之重」，牽頭帶動香港整體經濟發展。雖然內地「十一·五」規劃的綱要內容，提及香港的部分只有一小節，但政府有意透過是次經濟高峰會，制定的行動綱領探討「十一·五」與香港的關係，勾畫出未來五年香港經濟發展的模式和方向，以向中央發出信息，力求與內地省市的發展方向達成共識。

為了加強與內地政府的溝通，峰會並邀請了國家發改委財政金融司司長徐林和廣東省發改委主任陳善如簡介「十一·五」內容，以及商討香港如何配合內地的發展方向。

此外，峰會下設了四個專題小組，港府分別就「商業及貿易」、「金融服務」、「航運、物流及基礎建設」，以及「專業服務、信息、科技及旅遊」四個範疇提出多個討論方向，成員須於三個月內提交實際的行動綱領，協助港府進行具體規劃。

「十一·五」經濟高峰會的行動綱領於2007年1月15日正式公布，包括50項策略建議和207個行動項目。

周文耀：中港關係密切

2003 年 5 月 1 日重返港交所任行政總裁的周文耀，對港交所近年配合內地金融開放而取得的成績，認為港交所發展離不開中國。

「最主要就是2003年，交易所行政人員和董事局檢討當時香港證券市場的挑戰和機會，做了一份策略性計劃，即有關2004至2006年三年的策略性計劃。我們覺得有幾個重點要考慮，第一、我們一定要提高市場的質素，當時證券交易所發生了所謂penny stock（細價股）事件，有幾間上市公司發生問題，但我想強調的是，這不是香港獨有的事情。

「要提高我們市場的質素有幾方面。首先，是港交所的公司管治，我們與政府、證監會、專業團體和有關參與者成立了一個管治機構的行動綱要，全面檢討當時的上市條例，再引進公司管治的最佳管理守則。

「第二、我們盡量研究在哪方面實行國際標準，也檢討交易所的風險管理制度，改善了交易所的電腦系統等。無論是交易結算和資訊公布，系統都是為現貨市場和衍生產品市場而設。為市場提供更多資訊，令我們的資訊更加流通，這是我們提高市場質素最主要的工作。還有，我們研究了港交所與其他交易所的區別，發現我們的發展離不開中國因素。

「我們看到過去幾十年，香港與內地的公司有業務往來和交流經驗，我們熟悉內地的語言，也清楚內地的情況。我們要考慮的就是，怎樣吸引內地企業來香港上市，碰巧溫家寶總理於2003年來港簽署CEPA協議，讓我們意識到要更加着力在內地市場多下工夫。

恭賀阿里巴巴網絡有限公司上市
L 29173/29055 最後成交 LAST 29173

阿里巴巴締造「新股神話」，上市首日
由招股價13.5元飆升逾倍至39.5元。

周文耀說，其後2003年中國人壽來港上市，接着2004至2006年，很多大型銀行來香港上市，例如交通銀行、建設銀行、中國銀行，最大型當然還是2006年上市的工商銀行，在香港集資160億美元，另外從上海集資的60億美元，工行更成為全球最大的IPO。

「也有保險公司、石油公司、通訊公司，不同行業的公司都在港交所上市，所以，我們的專長，令我們與其他交易所不同，其他交易所一樣也會看到這方向，但我們能夠吸引內地公司來這裡上市。

「不過，我們（香港）有地理的優勢、文化的優勢，我們有經驗，而且採用國際化的標準，這樣就可以吸引內地公司來港交所上市。特別想要提高知名度、擴充業務至世界其他地方，我們的方向是對的，這個就是所謂第二項優點。第三、就是我們改組架構，我們已提高工作效率，要盡量控制成本。

「上市公司應該適當運作業務，得到各方面的支持。在成本控制方面，我們做得特別好。我們成交量的增長以倍數計，但我們的開支在這五年當中增長都不足15%，這個就是我們當時的決定，現在回頭去看，我們不應自滿。港交所董事局、市場人士、證監會和各同事都『交了功課』，近幾年我們的市場無論在市值、集資額和成交額都達致理想增長。」

為 IPO 集資成里程碑

周文耀覺得香港交易所有能力為大型IPO集資，對港交所的發展是很重要的。

「如果你看看過去數年，最主要的就是香港交易所提高了質素以後，全球的投資者開始覺得港交所有能力為大型IPO集資，並且集資的過程中是很順利的，上市公司可以用很合理的市盈率（P/E）籌集資金。

「數年前，一般印象就是公司要來香港交易所上市，特別是大型的公司，它一定要同步在香港、倫敦集資，或香港、紐約集資才做到。但過去數年已打破了這種看法，無論是IPO公司集資額有多大，只須在香港就可以完成。

「第二點就是很多人擔心，如果公司來香港交易所上市，集資的P/E是否夠高。現在，在港交易所上市的公司的P/E甚至高於其他市場。大家可以看一下，特別是2007年第四季阿里巴巴上市，P/E就很高，但仍可以吸引很多投資者參與。

「今天來說，已證明香港市場躋入了頭幾名位置。在美國和英國，都有機構和市場人士覺得香港可能是全球第三個國際金融中心，有能力也有資格跟紐約和倫敦競爭。」

2006年，工商銀行來港上市，成為至2006年為止全球集

恒生指數曾於 2007 年 10 月曾升超過三萬點的歷史新高位。

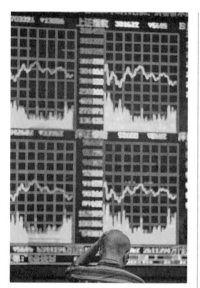

內地股市狂升，股民如癡如醉。

資額最大的IPO，周文耀不諱言，這對港交所來說，是一個很大的突破。

「可以說是一個很大突破，但不要忘記工商銀行沒有上市之前，中國銀行在2006年招股，集資額也不小。經過近數年，我們才證明香港市場可以跟倫敦和紐約競爭，但是我們也有很多地方要改善，所謂不進則退。

「我們還有很多地方要不斷檢討，譬如證監與交易所現在研究，招股書是否需要有幾百頁？是否可放招股書上網？這樣可以更環保，以改善環境。

「香港交易所在過去幾年提出許多建議諮詢市場。我們現在要改善創業板，要推出一個認股權證的計劃。至於你說過去五年的大事，有什麼改變了港交所，我一定說是90年代初推出的中央結算、自動對盤等。

「另外，重要一環就是推出了一個機制，能夠讓內地的企業在香港上市，這是從1993年推出的（H股上市）。另外，就是發展其他的服務，比如股票期權，允許拋空制度，這些都有助奠定了今日的成果。

「中國的金融市場是一個穩步增長的市場，在過去十多年，都是以大約10%的速度增長，快過很多國家。

「中國證券市場的發展一定會比其他市場快，包括印度、俄羅斯、巴西等市場。我不擔心香港，因為香港是中國一部分，有地理優勢，採用國際標準，有足夠競爭力。」

國際認同香港地位

周文耀認為香港已成為中國的本土市場，而且內地企業來港上市已成必然趨勢。

「內地已有四百多間公司在港交所上市，佔市值六成，其他公司中至少有250間的業務和盈利大部分來自內地，如果說現在的市場不是中國一部分的話，我們不會像今天做得這麼好。

「在交易所上市的公司，他們本身的業務都跟中國內地有關，許多香港的地產公司，都已經在內地發展，在內地起樓和或建商業大廈，兩地已密不可分。就算台灣公司來香港上市，我們現在也有60間，其運作都是在內地的，當然他們的決策人在台灣，但集資都在香港，我們已建成一個大中華地區的股市。

「我深信李業廣當年就想到（內地企業來港上市）。你猜會有多少內地公司會來港上市？數目幾乎是無限，不是幾百家，是幾十萬間，所以內地公司佔香港上市公司比例不會停在目前的水平，內地公司佔香港市值和成交比例會持續增加。」

有人認為，2003年50萬人上街是「香港變天」，對特區政府的管治提出了前所未見的挑戰，為了穩住局面，中央政府當機立斷，改變對香港的政策，並在金融業方面向香港提供「政策傾斜」，造就了本地股市脫胎換骨，躍升成為世界級市場，港股來了一次大變身。

周文耀指出，內地已有400多間公司在本港上市，佔市值的六成。

金融海嘯 人幣崛起

第九章

2008-2012

引言

對全球所有經濟體來說，2008 年可說是災難性的一年。2007 年 7 月，一場震央源自美國的「次級房屋按揭信貸危機」（Subprime mortgage crisis，簡稱「次按危機」），逐漸由美國本土蔓延至國外，由先進國家外溢至新興經濟體，由次按市場吹向金融市場……金融與經濟相互影響，形成經濟嚴重惡化的惡性循環。及至 2008 年 9 月 15 日，華爾街第四大投資銀行雷曼兄弟控股公司（Lehman Brothers Holdings Inc.）宣布申請破產保護，隨即觸發一場「百年一遇」的金融海嘯，波及範圍既深且廣，令所有實體經濟、各行各業、甚至多個國家相繼陷入財困。

影響所及，市場信心崩堤，房貸市場和金融市場低迷不振，全球經濟嚴重衰退，各國政府及中央銀行莫不積極應戰，推出前所未有的非傳統措施，並採取量化寬鬆貨幣政策和擴張性財政政策，以圖化解危機。不過，一波未平，一波又起，金融海嘯還未喘定，它卻又引發歐洲多個國家的主權債務危機，令全球金融再添陰霾。在此背景之下，中國政府決定加快人民幣國際化的步伐。

這場席捲全球的世紀金融海嘯，同樣結束了香港自 2003 年 7 月以來長達五年的經濟復蘇，股市、樓市暴挫，裁員、倒閉、結業此起彼落；至於雷曼在港銷售的「迷你債券」則爆發一場索償潮。此外，由於香港掛鈎美元，所以美國的經濟表現直接影響港元匯率，加上外圍金融市場動盪，聯繫匯率的存廢便成為這場金融海嘯其中一個極受關注的課題。

次按風暴引發全球金融危機

2008年的一場金融海嘯，始自美國的「次按危機」。2006年初，美國的次級房屋按揭問題陸續浮現，2007年4月2日，第二大次級房貸公司新世紀金融（New Century Financial）申請破產保護，成為美國地產市道低迷時期最大一宗抵押貸款機構的破產案；延至7月，環球股市首次因美國的次按問題而出現大跌市。此後，不少次級按揭貸款機構和投資銀行相繼陷入財困或倒閉；及至美國第四大投資銀行雷曼兄弟於2008年9月15日宣布申請破產保護後，即時觸發一場全球性的金融危機。

東亞銀行忽然擠提

2008年9月22日，一則「東亞銀行因在雷曼債券及AIG中投資失利，財政出現困難，將由政府接管」的「消息」以手機短訊傳開；兩天後，大批存戶湧至東亞銀行總行和分行提走存款。

同日下午，該行發表聲明，指事件屬惡意中傷，批評造謠者破壞香港金融體系穩定，強調該行財政狀況穩健，雖然有大批市民提款，但銀行不設提款上限。聲明還指出，截至2008年6月30日止，該行綜合資產總額為3,966億港元，資本充足比率達14.6%，遠超國際規定水平；而該行對出現財困的雷曼兄弟及美國國際集團的貸款餘額僅為4億2,280萬港元及4,990萬港元。

該行主席李國寶指出，造謠者針對東亞銀行，可能藉機炒賣東亞股份，他表明將增持股份。財政司司長曾俊華警告，惡性散播謠言屬刑事罪行；時任金融管理局總裁任志剛表示，希望市民理智，因為香港有存款保障制度，市民毋須擔心。

把美國樓市推向熾熱，可說源於聯邦基金利率不斷下調所致。2000年5月15日，當時的美國聯邦基金利率為6.5%，屬於十年來的歷史新高；可是到了2001年，為了扭轉因科網泡沫爆破而導致的經濟衰退，聯儲局開展連續十三次的減息歷程，聯邦基金利率至2003年6月25日已下調至1%的歷史新低，並維持至2004年6月。在這

大批存戶湧到東亞銀行提款，警員出動維持秩序。

2008年10月20日，中信泰富（0267）突然發出盈利警告，指出為了減低澳洲西澳大利亞州鐵礦項目面對的貨幣風險，集團與滙豐和法國巴黎銀行簽訂多份「累計槓桿式外滙買賣合約」（累計股票期權 Accumulator），後因澳元大跌而虧損逾150億港元，預計全年業績將錄得虧損。

翌日，中信泰富股價急跌55%，收市報6.52港元，跌8港元，跌至1991年水平。事後，董事總經理范鴻齡指榮明方涉及事件，已調離財務部，接受降級和減薪的「紀律處分」，中信泰富因而須向母公司中信集團要求注資。

2009年4月7日，香港警務處商業罪案調查科搜查中信泰富的公司總部，調查公司於2008年的投資外滙巨虧事件。翌日，主席榮智健及范鴻齡宣布辭職，由中信集團副董事長兼總經理常振明接任董事長兼總經理。

2009年4月8日，榮智健（左）辭任公司董事、主席，范鴻齡（右）同時也辭任公司董事總經理，即日起生效。

三年超低利率的環境下，全球流動性氾濫，造就美國的房地產業格外繁榮，尤其是大大刺激了次級房屋按揭貸款（Subprime Mortgage Loan）及其債券化的高速發展。

美國的次級按揭貸款通常以「固定利率」和「浮動利率」結合的方式還款，業主最初一兩年按固定利率還款，其後則按浮動利率償還。由於房價下跌，固定利率還款時限過後，一般市民無法按浮動利率償還貸款，令致貸款公司倒閉（即使貸款機構把抵押的房子收回轉售，也肯定彌補不了放貸的損失；況且市場萎縮，很多房子根本難以脫手）。

不救雷曼 華府失策

在是次「次按危機」中，美國第五大投資銀行和主要證券交易公司的貝爾斯登（The Bear Stearns Companies, Inc.）繼新世紀金融申請破產後接着「爆煲」；美國政府認為如果貝爾斯登倒閉，將牽連甚廣，屬於「不可不救」，聯儲局遂於2008年3月16日緊急出手，同意「包底」300億美元，貸款支持摩根大通，而摩根大通隨即宣布將以大約2.36億美元（每股2美元的初步建議價格）收購瀕臨破產的貝爾斯登。

不過，面對同樣瀕臨破產的第四大投資銀行雷曼兄弟，美國政府卻選擇不救；至2008年9月15日，在各方拒絕介入拯救後，這家有着158年歷史的投資銀行，由於過度買賣金融衍生產品信貸違約掉期（CDS）、面對6,130億美元負債，終於根據美國《破產法》第11章（Chapter 11）申請破產保護，隨即引發一場世紀金融海嘯。

9月15日，華爾街迎來「黑色星期一」，當雷曼兄弟宣布破產、美林將由美國銀行收購的消息傳開，美股即時暴跌，道瓊斯指數創下自「九一一」事件以來最大的單日跌幅，下跌504.48點，收10917.51點；至9月29日，更創下歷史最大跌幅紀錄，單日下跌777.68點，收10365.45點（及至10月份，還經歷數次百點以上的跌幅，如10月15日下挫733.08點，屬歷史上第二大單日跌幅，收8577.91點）。

其引發的連鎖反應，令信貸市場陷入混亂，也令保險業巨頭美國國際集團（AIG）加速跌入深淵。全球股市也隨之一瀉千里，亞太股市9月16日大幅下跌，其中日本、香港、台灣、南韓跌幅均超過5%；澳洲股市也遭遇地震，澳元9月16日開市走弱，股市收市下跌超過1.5%。

格林斯平「認錯」

2008年10月23日，美國國會參眾兩院就金融海嘯舉行聽證會，聯儲局前主席格林斯平（Alan Greenspan）出席眾議院聽證會時表示，當前的金融危機可說「百年一遇」，政策制訂者之前均沒料到。

他隨後接受國會議員質詢時，承認擔任聯儲局主席期間「反對監管金融衍生品」上存在「部分錯誤」（partially wrong）；這場危機說明自己對自由市場經濟體系的想法和做法有「缺陷」（Yes, I found a flaw）。《金融時報》因此刊登一篇名為 "Greenspan's Flaw Show" 的報道。

早於「次按危機」爆發前，格林斯平接受英國《金融時報》訪問時曾經表示，美國房價可能較現有水平大幅下跌；當時，他只談及住宅市場的「氣泡」（froth），而從未表示住宅市場整體存在泡沫（bubble）。分析人士認為，正是格林斯平的持續減息政策為「次按危機」埋下種子。

也許意識到自己的影響力太大，格林斯平講話一直都很含糊，故此他有一句名言，便是 "If I seem unduly clear to you, you must have misunderstood what I said."（「如果你們認為確切地理解了我講話的含義，那麼，你們肯定是對我的講話產生了誤解。」）

受「次按風暴」波及之金融機構／國家

日期	機構 / 國家	事件	結果
2008 年 3 月 16 日	貝爾斯登	• 07 年 8 月 1 日，次按危機爆發之初，貝爾斯登宣布旗下兩隻投資次級按揭貸款證券化產品的基金倒閉，投資者總共損失逾 15 億美元。同年 9 月 20 日，貝爾斯登宣布季度盈利大跌 68%。 • 08 年 3 月 14 日，聯儲局決定通過摩根大通公司向貝爾斯登提供 300 億美元應急資金，緩解它的流動性短缺危機。	• 08 年 3 月 16 日，摩根大通宣布將以總值約 2.36 億美元（每股 2 美元的初步建議價格）收購次按危機中瀕臨破產的貝爾斯登。
2008 年 9 月 7 日	房利美、房貸美	• 受次按危機影響，房利美及房貸美於 08 年 7 月身陷 700 億美元虧損的困境。	• 美國政府於 08 年 9 月 7 日宣布以高達 2,000 億美元的可能代價，接管瀕臨破產的兩房。
2008 年 9 月 14 日	美林證券	• 受雷曼兄弟面臨崩潰的消息拖累，美林股價受到重壓，截至 9 月 12 日當周的股價跌幅高達 36%，市值縮水 150 億美元。	• 08 年 9 月 14 日，美國銀行與美林達成協議，將以大約 440 億美元收購後者。
2008 年 9 月 15 日	雷曼兄弟	• 08 年中，受到次按危機連鎖效應波及，雷曼兄弟的財政受到重大打擊而虧損，股價下挫至低於 1 美元（08 年 9 月 17 日低見 0.10 美元），陸續裁員 6,000 人以上，並尋求國際間的金主進駐。	• 08 年 9 月 15 日，在美國財政部、美國銀行及英國巴克萊銀行相繼放棄收購談判後，雷曼兄弟宣布申請破產保護，當時負債高達 6,130 億美元。
2008 年 9 月 17 日	美國國際集團 (AIG)	• 08 年 9 月 16 日，由於受到金融海嘯的影響，AIG 評級被調低，引致銀行紛紛向它討債，導致其流動資金緊絀。	• 08 年 9 月 17 日，聯儲局宣布向 AIG 提供 850 億美元緊急貸款，以免它因資金周轉困難而倒閉。同日，AIG 宣布董事局接納聯儲局挽救方案的條款。
2008 年 9-10 月	冰島	• 08 年，冰島面臨金融危機，本國貨幣對歐羅滙率大跌八成，境內三家主要銀行均受影響，相繼收歸國有。 • 國家通脹率與利率高企，貨幣克朗急速貶值，政府決定放棄貨幣固定滙率政策。	• 10 月 24 日，冰島政府宣布已跟國際貨幣基金組織（IMF）就 20 億美元援助貸款達成初步協議，IMF 將於兩年內提供 20 億美元的「全面穩定計劃」。
2008 年 9 月 28 日	荷蘭、比利時、盧森堡	• 富通集團受金融海嘯波及導致現金流嚴重不足	• 國有化
2008 年 2 月、10 月	英國	• 北岩（Northern Rock）、蘇格蘭皇家銀行（RBS）、哈利法克斯銀行（HBOS）、萊斯銀行 (Lloyds) 等多家金融機構受金融海嘯波及而陷財困。	• 當局拯救或國有化

各國應對金融海嘯政策

國家	日期	事件	結果
美國	2008年11月25日	【QE1】雷曼破產觸發金融海嘯，銀行體系不願貸款，聯儲局遂放寬信貸，宣布推出第一輪量化寬鬆政策（Quantitative Easing 1），向私企注入流動資金。09年3月18日擴大，10月31日結束購買國債，10年3月31日全部結束。	GDP回復增長，美國至今未有陷入通縮危機；
	2010年11月3日	【QE2】QE1結束後經濟數據回軟，聯儲局遂推QE2，以6,000億美元購買長期國債，防止通縮。	三藩市聯儲銀行2011年年初預測，QE1及QE2替美國製造或保留300萬個職位； 三藩市聯儲銀行估計，每6,000萬美元資產購買行動可把長息壓低15至20個基點，等同減息0.75厘；
	2011年9月21日	【OT】QE2結束後，經濟再度回軟，聯儲局遂推出扭曲操作（Operation Twist, OT），延長聯儲局手上資產的平均年期。OT規模達6,670億美元。截至翌年6月30日第一階段涉及4,000億美元，同年7月至12月再推出2,670億美元OT；賣出3年期以下國債，買入6年至30年期國債。	大量熱錢流入，經濟回復正常時很難及時收回，恐出現通脹，尤其推高商品價格，造成糧食通脹； 大量熱錢流入新興國家，製造資產泡沫，令這些國家日後有經濟爆破危機；美元貶值，歐羅變相升值，令歐洲信貸緊縮，加劇歐洲經濟困境；
	2012年9月13日	【QE3】經QE1、QE2、OT後，失業率仍然高企。聯儲局推出QE3，每月購入400億美元MBS（按揭抵押債券），不設期限，以壓低失業率及壓低按揭長息等刺激經濟。	美國資金流動性增加，將令美元面對狂瀉危機，屆時持有大量美元作儲備的各國恐損失嚴重，引發新危機。

各國應對金融海嘯政策

國家	日期	事件	結果
中國	2008年9月15日	總理溫家寶呼籲全球一起努力，支持美國渡過難關。9月15日央行降低貸款利率和準備金率。11月推出4萬億財政刺激計劃，並放棄已延續7年的「保八」慣例，將經濟增長目標調低到7.5%。	中國採取擴大支出及適度的寬鬆貨幣政策，最明顯是基建投資，1月至8月，城鎮固定資產同比增長3.0%，其他指標如工業生產值於同年8月同比增長12.3%，09年第二季國內生產總值同比增長7.1%。
英國	2008年9月18日	英國最大抵押貸款銀行哈利法克斯銀行(HBOS)陷入財困，政府注資並宣布500億英鎊拯救銀行計劃，包括向8家主要銀行提供額外資本及2,500億英鎊貸款擔保等，為海嘯後首個直接入股銀行的國家。	措施對挽救英國經濟成效未彰顯，另因大力開拓工程，政府結構性財政預算赤字大升，帶來相當於GDP 12.5%赤字，使英國再無空間刺激內需。
歐盟	2008年10月	歐盟推出總額達2萬億美元救市計劃。歐洲央行10月起7次減息，由4.25%減至09年5月1.0%。整個刺激方案主要援助汽車和建造業。09年5月成立「歐洲體系風險委員會」，成員包括各國央行行長及國家監管機構，於金融體系受威脅前發出預警，採取一致行動。	歐盟處於是次金融危機震央，飽受信貸嚴重萎縮和資產價格下跌影響。09年第一季本地生產總值按年收縮4.5%。其後情況稍有好轉，至09年4月，零售銷售量連續第二個月錄得按月升幅。
香港	2008年10月14日	以外滙基金向全港全部可接受存款機構的港元和外幣存款提供100%擔保，變相推行存款保險，以安定人心。此外，國務院推出30項措施放鬆銀根，包括容許在內地有較多業務的香港企業及金融機構在港發行人民幣債券。特首上京述職期間，總理溫家寶提出14項支持香港措施，包括符合條件企業可在港以人民幣結算，實行貨幣互換等。	恒指08年收報14387點，跌48%。港股市值蒸發近15萬億港元。滙控股價一度跌至73元年內新低。外滙基金錄得歷來最大投資虧損。樓市交易由1月近17,000宗，跌至11月不足3,800宗。

海嘯未退　再掀歐債危機

當人們以為金融海嘯「只限於美國的次按危機引致美國各大投資銀行倒閉」的範疇，豈料這場海嘯還引發一波又一波的歐債危機。

歐債危機是指自 2009 年以來在歐洲部分國家爆發的主權債務危機，它可說是美國次按危機的延續和深化，根本起因是政府的債務負擔超過自身的承受範圍。

當華爾街捲起金融海嘯初期，冰島主權債務問題就已浮出水面，及後中歐、東歐的債務危機爆發，只因她們的經濟規模較小，國際救援較為及時，其主權債務問題未有釀成較大的全球金融動盪。

一場世紀金融海嘯，除了對經濟金融有着深遠影響之外，在其他範疇也有不少影響力，例如後來有不少電影或小説均以金融海嘯為題材。

電影
《巴菲特報告》（I.O.U.S.A, 2008）
《資本主義：一個愛情故事》（Capitalism: A Love Story, 2009）
《華爾街：金融大鱷》（Wall Street Money Never Sleeps, 2010）
《呃錢帝國》（Inside Job, 2010）
《大到不能倒：金融海嘯真相》（Too Big to Fail, 2011）
《孖展風雲》（Margin Call, 2011）
《帝國的毀滅─金融海嘯警世錄》
《墮樂迷城》（Cosmopolis, 2012）

小説
《大到不能倒：金融海嘯內幕真相始末》（Andrew Ross Sorkin, Too Big to Fail）
《兼夫贏富─金融海嘯下的生存者》（張倩華）
《墮樂迷城》（Don DeLillo, Cosmopolis）
《洗錢》（橘玲，日本）
《獵熊記：一則投資銀行倒閉的故事》（Bill Bamber & Andrew Spencer, Bear Trap: the fall of Bear Stearns and the panic of 2008）

2009年10月20日，希臘政府宣布該年財政赤字佔國內生產總值的比例將超過12%，遠高於歐盟設定的3%上限；隨後，全球三大評級公司相繼下調希臘主權信用評級。希臘主權債務危機翌年3月進一步發酵，並開始蔓延至葡萄牙、意大利、愛爾蘭、西班牙（有人以五國英文名稱 Portugal, Italy, Ireland, Greece, Spain 的首個字母排出 PIIGS，戲稱為「歐豬五國」）；至此，國際社會開始擔心債務危機可能蔓延全歐，並由此侵蝕正在復蘇的脆弱經濟。

2010年上半年，歐洲央行、國際貨幣基金組織（IMF）等一直致力為希臘債務危機尋求解決辦法，但分歧不斷，歐羅區成員國擔心無條件救助希臘可能助長歐羅區內部「揮霍無度」，並引發本國納稅人不滿；同時，歐羅區內部協調機制運作不暢，致使救助希臘的計劃遲遲不能出台，導致危機持續惡化。及後，葡萄牙、西班牙、愛爾蘭、意大利等國接連爆出財政問題，德國和法國等歐羅區主要國家同受拖累。

塞浦路斯徵收「存款稅」，存戶立刻趕往銀行提走存款。

捲入歐債危機國家

日期	國家	債務規模	結果
2009 年 10 月	希臘	希臘政府宣布政府財政赤字和公共債務佔國內生產總值的比例，預計將分別達到 12.7% 和 113%，遠超歐盟《馬斯特里赫特條約》規定的 3% 和 60% 的上限。主權債務則由 2007 年的 2,393 億歐羅增至 2010 年的 3,294 億歐羅。	希臘公布 48 億歐羅緊縮方案。歐盟與 IMF 成立 7,500 億歐羅穩定基金。希臘同意削減 300 億歐羅預算，換取歐盟與 IMF 未來 3 年共 1,100 億歐羅的援助貸款。
2010 年 5 月	愛爾蘭	2010 年財政赤字佔國內生產毛額的比率增加 1 倍多，至 31.3%，國債價格大跌，10 年期國債收益率逼近 9%，創自歐羅 1999 年誕生以來最高水平。	2011 年 3 月，愛爾蘭公布 700 億歐羅銀行業紓困方案。2011 年 7 月與希臘待遇一樣，獲得降低貸款利息（從原先 6.1% 降至 3.5%），並延長還款期限（自 7 年延長至 30 年）。
2011 年 3 月	葡萄牙	2009 年財政赤字規模由上年 3.6% 暴增至 10.1%，2010 年財政赤字仍高達 9.8%，市場於 2011 年 3 月將葡萄牙主權債信評降至接近垃圾級。	歐羅區和 IMF 向葡萄牙提供 780 億歐羅救助。
2011 年 7 月	意大利	政府公債價格於 2011 年 7 月開始走跌，而孳息率持續飆升，至 11 月，意大利國債孳息升越「死亡 7 厘」。	歐洲要求意大利削減政府債務（當時高達 1.9 兆歐羅），同時進行結構性改革，包括調高退休年齡。
2011 年 11 月	西班牙	失業率高達 20%，政府財政收支從 07 年的盈餘逆轉為赤字，財政收支餘額佔 GDP 的比率從 07 年的 2% 逆轉為 08 年的 -4.5%，09 年擴大為 2 倍，即多達 -11.2%。	西班牙政府 2012 年 7 月擬定自救計劃，2013 年減赤規模將高達 390 億歐羅，其他還有凍結政府人事、削減社福支出等一連串減赤措施。同年 12 月，西班牙正式向歐盟提出 395 億歐羅金援要求。
2013 年 4 月	塞浦路斯	據歐盟預計，2013 年塞浦路斯公共債務佔 GDP 比率將高達 93.1%，到 2014 年為 97%。	歐盟向塞浦路斯提供 100 億歐羅救助資金，條件是對所有塞國銀行存戶一次性徵稅。

迷債爆煲 引發索償潮

2008年9月15日，雷曼兄弟申請破產保護，觸發全球金融海嘯，各國股市隨即骨牌式下挫，香港當然不能倖免，恒生指數翌日應聲下跌1052.29點，收18300.61點，為兩年來低位；至10月27日，還跌至10676.29點的四年半新低。在香港，除了股市、金融、經濟受到影響、樓市暴挫，裁員、倒閉、結業不斷之外，還觸發「雷曼迷你債券」事件，繼而演變為一波大規模「迷你債券」投資者的索償潮。

當雷曼兄弟在美國申請破產保護後，香港證監會根據《證券及期貨條例》第204條和第205條，向它在港營運的四家公司——雷曼兄弟亞洲投資、雷曼兄弟證券亞洲、雷曼兄弟期貨亞洲和雷曼兄弟資產管理亞洲發出限制通知，終止運作，雷曼兄弟有份擔保和發行的「迷你債券」等產品，遂陸續出現違約。

2010年12月8日,證監會行政總裁韋奕禮(Martin Wheatley)突然宣布提早於2011年6月離職(任期原至2011年9月底),這是繼前營運總裁簡俊傑(Paul Kennedy)2010年4月7日提早離職後,證監會另一名高層提早請辭。

韋奕禮會見傳媒時承認「這份工作不易做」,強調提早離職純粹個人理由,沒有受到任何壓力,離開是個艱難決定,已在證監會工作六年,是時候要回英國了。

回顧過去六年,他認為最困難的時期是2008年的雷曼倒閉和AIG瀕危,當時環球市場大幅波動,香港有很多金融產品出現問題;至於中信泰富炒燶累計期權、電盈私有化也很難處理。不過,韋奕禮沒有正面回應是否因為雷曼迷債事件而感到氣餒。他補充說,香港監管制度勝過世界很多地方,將來再遇挑戰,證監會也可以處理。

當天,署理財政司司長陳家強以〈韋奕禮的離開是證監會的損失〉為題發表新聞稿,肯定韋奕禮的貢獻;行政長官曾蔭權感謝韋奕禮帶領證監會平穩渡過金融危機。

當時有消息指出,韋奕禮的決定令政府及證監董事會措手不及;另有證監董事透露,事前完全無跡象顯示韋奕禮意興闌珊。

韋奕禮回英國後,於2011年9月出任英國金融服務管理局(Financial Services Authority)董事總經理。

任內棘手事件:
2005年11月
處理窩輪市場檢討,態度強硬,並提出莊家不能外判、禁止回佣等。
2008年10月
展開雷曼迷債調查、調查中信泰富炒燶外滙
2009年2月
電盈私有化股東會後取走投票記錄,調查是否涉及「種票」,最終法庭否決電盈私有化。
2009年4月
延長董事禁售期正式實施,引起上市公司極大反響。
2010年9月
落實證券無紙化,最快2013年底實施。

雷曼在香港發行的所謂「迷你債券」(簡稱「迷債」),其實不是債券,而是名為「信貸違約掉期」(CDS)的金融衍生工具,屬高風險金融投資產品。有些國家禁止向非專業投資者銷售CDS,但銀行為了豐厚佣金,不惜向退休人士或家庭主婦推銷,他們一般不會詳閱銷售條文,以為「迷債」等同普通債券,均屬保本的低風險投資產品。當雷曼兄弟破產,「迷債」價值大跌,問題才告湧現。

調查顯示,本港超過43,700名投資者曾透過銀行購買總值逾202.3億港元的「雷曼迷債」及相關結構性金融產品。雷曼倒閉後,大批迷債苦主紛紛向證監會、金管局、立法會、警方、傳媒等投訴銀行銷售手法不當,令他們蒙受損失。苦主的投訴反映出兩大問題:一、金融部門監管;二、銀行銷售手法。

香港是「雷曼迷債」發行量最大、涉及面最廣的地區。自「雷曼迷債」爆煲後,迷債苦主示威追討之聲不絕,矛頭直指多家以不良手法銷售「迷債」的銀行。

迷債苦主指控銀行職員的推銷手法，大約有以下數點：一、買「迷債」等於做「定期存款」，零風險；二、如果相信和黃、滙控等大型藍籌不會破產，便可取回「迷債」的全數本金和利息；三、「迷債」屬於大型藍籌股債券的一種，風險甚低，屬保本產品。他們同時質疑作為監管機構的金管局、證監會以至政府當局有否就銀行向客戶銷售複雜金融產品作出有效監管。

立會調查　迷債銷售手法

鑑於問題嚴重，加上公眾關注政府當局、監管機構及銀行界將如何處理投資者的大量投訴，立法會遂於2008年11月12日通過批准授權「立法會研究雷曼兄弟相關迷你債券及結構性金融產品所引起的事宜小組委員會」（「小組委員會」）行使《立法會（權力及特權）條例》第9（1）條的傳召權力，並由何鍾泰議員出任主席，對「雷曼迷債」事件展開歷時三年零八個月的調查。

2012年6月6日，小組委員會發表調查報告，對時任金管局總裁的任志剛予以「譴責」，對時任證監會主席韋奕禮「極度失望」，又對財政司司長曾俊華和財經事務及庫務局局長陳家強表示「失望」。不過，小組委員會副主席黃宜弘、委員林健鋒和石禮謙因不同意「譴責」任志剛，拒絕在報告書上簽署，並另行發表一份「小眾報告」。

有批評指出，報告沒有要求有關財金官員下台問責，也未提及銀行應負什麼責任，根本沒有為投資者討回公道。此外，港府始終無法解釋，為什麼在一些西方國家也不准銷售的迷債，卻可在香港隨便銷售？為什麼連財金高官都不甚了解的毒債，卻可以向一般投資者如長者、家庭主婦推銷？

雷曼迷債小組委員會工作歷程

時間	引發事件
2008 年 9 月 15 日	本港超過 43,700 名投資者，透過銀行購入總值逾 202.3 億元的雷曼迷你債券及相關結構性金融產品。雷曼兄弟倒閉，大批苦主紛紛向證監會、金管局、立法會、警方、傳媒等渠道投訴銀行銷售手法不當，令他們蒙受損失。
2008 年 10 月 27 日	立法會成立小組委員會展開調查，授權小組委員會使用「立法會（權力及特權）條例」。小組委員會成立時有 27 位委員，一致選出何鍾泰（工程界別）出任主席，展開歷時三年零八個月的調查。期間召開 163 次會議，當中包括 106 次聆訊，連同預備會議共召開 400 多次會議，傳召 62 名證人，包括財政司司長、財經事務及庫務局局長、證監會及金管局高層人員、銀行高層及前線人員，以及投資者（苦主）。
2009 年 2 月 13 日	同意由小組委員會行使《立法會（權力及特權）條例》（第 382 章）授予的權力，命令（a）證監會及金管局提供兩者分別向財政司司長提交的檢討報告全文，以及（b）證監會須提供有關新鴻基投資服務有限公司銷售迷你債券的調查報告。

相關人等出席研訊

時間	研訊過程
2009 年 2 月 20、24、27 日 3 月 20 日	財經事務及庫務局局長陳家強接受研訊。
2009 年 4 月 14、17 日	時任金融管理局總裁的任志剛接受研訊。
2009 年 6 月 23、26 日 7 月 3、17 日 8 月 3 日	時任證券及期貨事務監察委員會行政總裁的韋奕禮接受研訊。
2009 年 9 月 11 日	小組委員會決定發出傳票，命令韋奕禮出示證監會行政總裁、金管局和政府在 2009 年 7 月 7 日至 22 日期間就有關 16 家分銷銀行回購雷曼兄弟迷你債券協議的書面通訊及證監會、金管局及 16 家分銷銀行於 2009 年 7 月 22 日公布就回購迷你債券所達成的協議。
2009 年 12 月 11、18 日	財政司司長曾俊華接受研訊。
2010 年 4 月 16 日-11 月 9 日期間	星展、渣打、花旗、蘇皇、中銀、大新等銀行高層先後接受研訊。
12 月-2011 年 1 月	為來自銀行的 26 名證人舉行 26 場閉門研訊。
2011 年 2 月 25 日-5 月 31 日	投資者（苦主）接受研訊。

《研究雷曼兄弟相關迷你債券及結構性金融產品所引起的事宜小組委員會報告》

結論	問責	建議
監管架構：金管局監管不力 • 金管局未有及早發現並糾正註冊機構及其職員在銷售投資產品時不遵守監管規定的情況。 • 在雷曼倒閉前的5年多期間，金管局對有關人士採取的執法行動相對較少。 **政府角色：有責任擔當更積極主動的角色** • 政府當局早應主動就證券業務的規管安排能否發揮效用及達致政策目標，提出全面檢討。 • 由於政府當局未有進行全面檢討，現存的許多弊端存在多年而未得到處理。 **對註冊機構分銷雷曼結構性產品的規管：「一業兩管」（即銀行證券業務在金管局和證監會分工管轄）問題處處** • 監察、調查和懲處機制繁複。 • 宗旨欠一致，不利投資者。	**前任金融管理局總裁任志剛** 在雷曼倒閉前，金管局的恆常監管程序未有發現註冊機構的銷售手法有任何嚴重的不當之處。小組委員會認為任志剛應為此負上最終責任，並應予以譴責。 **前任證監會行政總裁韋奕禮** 應為未有及早把對結構性產品的公開要約的規管由《公司條例》的招股章程制度，轉到《證券及期貨條例》的投資要約制度負上一定責任。 **財政司司長曾俊華及庫務局局長陳家強** 履行其監督金管局及證監會規管銀行證券業務方面未能達到所期望的水平，小組委員會對此表示失望。	**針對「一業兩管」制度的弊端：** • 建議政府當局及監管機構研究可否將銀行經營的證券業務納入證監會（亦即證券期貨業的監管機構）的監管範圍；以及若採納這項擬議安排，則提交所需的立法修訂。此舉將更能確保銀行與證券經紀行進行的受規管活動受到一致的監管。 **針對改善日後對銀行證券業務的規管部分建議：** • 加強對銀行的監管 • 提高投訴個案調查進展的透明度 • 將可以對銀行作出調查及紀律處分的權力，賦予單一監管機構

何鍾泰：監管機構必須提高透明度

2008年9月15日，雷曼兄弟申請破產保護，觸發香港的「雷曼迷你債券」爆煲，由於事件涉及43,700名投資者、投資金額總值逾202.3億港元，立法會決定成立小組委員會，隨後還通過授權小組委員會運用「立法會（權力及特權）條例」展開調查。小組委員會主席何鍾泰博士於2013年4月25日接受本書編輯小組專訪時指出，調查過程雖然漫長，但能為香港的金融監管制度作出努力，多艱辛也是值得的。

何鍾泰

雷曼迷債事件簿

涉及違規銷售銀行：渣打銀行、花旗銀行、星展銀行、荷蘭銀行、中國銀行、交通銀行、東亞銀行、集友銀行、創興銀行、中信嘉華、大新銀行、富邦銀行、工商銀行、豐明銀行、南洋商業銀行、大眾銀行、上海商業銀行、永亨銀行和永隆銀行

投資人數：超過43,700人

涉及金額：逾202.3億港元

賠償方式：2011年3月27日，香港銀行公會主席和廣北公布，16家分銷銀行同意大部分迷債投資者有機會獲得額外特惠款項，客戶只須符合兩項特定條件，就可以獲得收回押品、獲發特惠款項。

終極賠償方案令原來只獲銀行以本金六至七成和解的迷債投資者，最終可收回本金增加至八成五至九成六。

雷曼迷債事件簿（續）

發展情況：經過24場雷曼迷債持有人特別會議，雷曼迷債接管人羅兵咸永道會計事務所表示，24種票據持有人近百分百接受銀行公會提出的最終處理方案，涉及投資者達3萬多人，投資產品面值達130億元。不過，5、6、7、9號四隻迷債由於結構、抵押品與第10至36號不同，故不會對持有人作出賠償，四隻債券涉及金額約1.3億美元（約10億港元）。雷曼苦主大聯盟批評方案不公平。

起訴事件：

一、金管局中止星展銀行職員梁慧茹和高偉寧的註冊期3個月及5個月，指他們未有盡責地向有關客戶披露及解釋產品風險，亦沒有確保產品適合有關客戶，以及未有按照銀行內部管控程序為客戶填妥風險披露聲明。

二、雷曼迷債「爆煲」後，引發一連串銀行職員涉嫌誤導推銷迷債的風波，警方商業罪案科先後拘捕並落案起訴三名中銀女職員，指她們違反證券及期貨條例，其中兩人（張瑰瑰、戴晶）經審訊後脫罪；2011年8月律政司經考慮後認為餘案定罪機會微，決定不起訴最後一名被告（陳麗霞）；擾攘多年的迷債風波刑事訴訟告終。

迷債事件財金官員有責

歷時三年零八個月，到2012年6月6日，小組委員會終於有了調查報告。不過，報告發表後，社會的反響很大，特別對當中的問責部分。

何鍾泰承認「問責」確是整個討論過程中最富爭議的部分。「大部分委員認為必須找出須要負上責任的人，小部分人反對；即使要，又該如何界定？雖然大家開了很多次會，最後有三人（黃宜弘、石禮謙、林健鋒）不肯簽署，還另外發表一份『小眾報告』。」

「我們問心無愧，深信公道自在人心。」何鍾泰認為任志剛可以做得更多：「他之前沒有提出任何警號，這方面是否可以做得更多？他說『有！有在報紙寫文章』。寫文章當然好，但如果發表後情況也沒改變，市民對此沒有警覺，那是否須要做得更多？例如加強警號，在傳媒面前表達更多訊息。基於他的身份，只要他一講，大眾可能會有警覺：任志剛也出來發言，大家要加倍留神！」

銀行銷售手法 值得商榷

至於銀行在迷債事件上的責任，何鍾泰認為前線人員很重要，他們直接向客戶銷售，如果不是合資格的專業人士（如部分櫃台職員）向投資者推銷，其實是違規的，除非是客人要求銀行職員介紹。「另一方面，銀行職員對產品認識不深，甚至連章程也沒看過，部分前線人員，甚或其中一家銀行的高層更認為那些產品已得到證監會批准，其實獲批的只是宣傳單張而非產品，分別相當大。」

「我們問過一些證人會用上多少時間決定買入產品，由於他們在宣誓下作供，所以大多不願回應，怕時間太短的話，令人覺得草率。但我們從投資者方面得知，很多人都在十分鐘內已經決定購買。」何鍾泰還舉出一些例子：「銀

行職員都很積極推銷，有些交易甚至會在地鐵站、茶餐廳完成，但求成功做成一宗交易。至於銀行有沒有指定職員須達到某個銷售額時，高層和前線人員一致表示『沒有』，或說以整體額量計算，迷債只佔少數。當然，我們覺得職員其實須要達到某個額量，否則可能工作不保。」

既然報告確認銀行的銷售手法有問題，也有一定責任，為何未有點名批評？是有意「放生」？何鍾泰強調不是「放生」：「我們只傳召六家有代表性的銀行，根本沒有時間傳召所有銀行（19家）；亦沒有這個需要，因為我們不是針對某個個案，而是要找出問題的根源。我們不是執法者，也不是打算懲罰任何人，既然知道銀行普遍存有這種情況，便留待金管局和證監會追查，這是執法者和金融監管機構的責任。」

報告提出五十多項建議，例如規定銀行為銷售過程錄音、實施落單冷靜期、為投資者提供風險評估等等，部分已於短期落實。具體來說是否足夠？何鍾泰認為有關方面有檢討的必要：「我知道有些措施早已實行，例如2009年證監會提出十九項優化措施，分幾個階段進行，例如錄音、如果投資者教育水平低或弱視，便須有人陪同、風險評估等等都可以立即推行；有些要立法，有些要諮詢。我們亦有讚揚證監會反應夠快，調查開始不久已提出實際措施，這是我們欣賞的。」

回顧2008年的金融海嘯和雷曼迷債，何鍾泰提醒港人金融監管制度的重要性。

「今年是沙士十周年，也是『一業兩管』十周年，後者卻較易為人忽略，其實它的影響同樣深遠。雷曼爆煲雖是外來因素，但金融海嘯湧來的時候，如果香港的制度不夠堅穩，就不能承受衝擊，如果制度健全，便可以減輕『傷亡』。」

聯繫滙率存廢再惹爭議

董建華曾考慮放棄聯滙

前特首董建華2007年在一個訪問中透露,政府2002年曾考慮放棄聯繫滙率。他憶述:「上任一年,金融風暴席捲亞洲,香港亦不能倖免,特區政府為擊退國際炒家,動用過千億入市。」

董建華憶述:「當時國際炒家想打擊香港的聯繫滙率,從中獲利,香港一直以來均依靠聯繫滙率,政府因而作出這樣的決定。當時的財政司司長梁錦松對我說,我們的聯繫滙率會再受衝擊,一是選擇脫鈎,一是將財政赤字大幅擴大。」

經過種種挑戰和多年的通縮,加上沙士,政府卻又要加稅減開支,影響到全港市民。他表示,政府最終選擇加稅,但穩定聯繫滙率和金融體系的大目標,總算成功了。
(《信報》2007年6月8日)

梁錦松回應
隨後,前財政司司長梁錦松亦有回應當年曾考慮放棄聯繫滙率一事,他表示:「2002年政府財政赤字嚴重,導致港元受市場衝擊,當年他與金管局總裁任志剛曾認真考慮各種應對方案,包括放棄聯繫滙率制度。」
(《信報》,2007年6月9日)

聯滙推行二十五年之際,美國爆發金融海嘯,由於香港實行聯滙制度,與美元掛鈎(港元在外滙市場兌美元的滙率保持在7.75至7.85港元兌1美元的區間內),美國的經濟表現直接影響港元滙率,外圍金融市場動盪,聯滙廢存便成為這場海嘯其中一個極受重視的課題。

美元疲弱令港元的購買力下降,亦因為聯滙的關係令到港元須要跟隨美國央行減息,導致大量熱錢流入,令本來過熱的經濟更加熾熱,有可能產生資產泡沫。

聯繫滙率令港元隨美元貶值,引致通脹,因而有呼聲要求,重新檢討聯繫滙率,甚至認為應考慮撤銷聯滙制度或改與其他貨幣掛鈎。

雖然香港利率跟隨美國,但兩地經濟周期不同,例如美國在金融海嘯期間實行量化寬鬆(QE)貨幣政策以刺激國內疲弱的經濟,迫使港元必須同步壓低利率,結果增加香港通脹壓力,以及導致經濟過熱。2010年11月3日,美國推出QE2,導致大量熱錢流入本港。面對熱錢衝擊和持續低息的環境,資產泡沫的風險有增無減;加上人民幣在香港愈來愈廣泛使用,市場有關聯繫滙率廢存的討論此起彼落。

財金官員捍衛聯滙

日期	官員	言論
2008年9月26日	**時任金融管理局總裁任志剛**	• 「香港過去二十五年平安度過不同經濟周期及金融危機，期間聯繫滙率制度發揮舉足輕重的定錨作用，使我們保持貨幣穩定。面對當前金融動盪帶來的不明朗及波動愈漸增加，我們將繼續保持高度戒備，不斷完善現有機制，讓我們竭盡所能應付香港貨幣及金融體系面對的一切風雨。」（金管局「觀點」專欄）
2011年8月14日	**財政司司長曾俊華**	• 在網誌以《滙率與民生》為題撰文，表示：「近期有部分評論，特別是在標準普爾下調美國主權信貸評級之後，認為美元勢必轉弱，加劇通脹，政府有必要檢討聯滙制度⋯⋯美元兌主要貨幣並無顯著轉弱，而美國國債反而價升息跌，顯示國際投資者在風高浪急之際，仍要擁抱美元資產，視美國國債為主要避險工具⋯⋯在未來一段時間內，美元和美國國債的地位確是難以代替的。」
2011年8月16日	**金融管理局總裁陳德霖**	• 「另有論者認為，美國經濟對香港經濟的影響已不再重要，並已被中國內地所取代，所以港元與美元掛鈎已不合時宜⋯⋯其實，在香港出口內地的貨品當中，只有小部分（約10%）是消費品，其餘大部分是原材料及半製成品，在內地加工後輸往海外，其中又以美國為主要市場，所以歸根究底香港貨品出口仍主要受海外（尤其是美國）的需求帶動。」（《信報》「專家之言」）

任志剛論文引起震盪

2012年6月13日,《信報》以特稿形式選錄任志剛撰寫的《香港貨幣體制的未來》一文,現節錄部分重點供讀者參考:

任志剛於文章第一部分指出:「我們需要積極思考的是,面對這樣一個日新月異的特殊環境,香港的貨幣體制是否發揮了最大作用,維護公眾利益。」

他於文章第二部分表示:「在聯繫匯率制度之下,儘管多年來不斷改革以強化制度,但並沒有多少空間能像大部分司法地區那樣,可採用相對傳統的權衡性貨幣政策來調控基礎貨幣的價格或供應,以達到低通脹、低失業率、經濟穩定持續增長等其他貨幣政策目標。

「一個經常爭論不休的問題,就是以穩定的美元匯率為定義的『穩定港元匯價』當中所要付的代價,是否在任何時候、不管香港面對的環境如何改變,依然值得……香港貨幣政策是否有提升的空間,使其能常規地主動、前瞻、積極地維護公眾利益,是個應考慮的課題。

「然而,香港在聯匯制度下卻沒有多少措施是為支持經濟或處於危機的金融體系而實行,除非發現如不採取行動,就會給『港元匯價』造成不可接受的風險,才會提出實質方案……若然我們接受固定匯率機制在香港行之有效,那麼在時機適當成熟時,港元應否脫離美元,轉而與人民幣掛鈎?」

他在文章結論再次強調:「社會需要認真檢視香港貨幣體系以現行架構,能否繼續盡其所能,為香港的公眾利益服務;若否,那該怎樣修改,以『利其器』,好讓這個體系可繼續『善其事』。」

任志剛提出「檢討聯匯」

最令市場震驚的,是一直以捍衛聯繫匯率為己任的金管局前總裁任志剛於2012年6月12日以中大研究員的身份,發表一篇有關檢討聯繫匯率制度的文章——《香港貨幣體制的未來》(The Future of the Monetary System of Hong Kong),認為香港應檢討聯匯制度,即時引起廣泛討論。

任志剛在文章中指出:聯繫匯率制度在香港行之有效近三十年,但固定匯率本身並非一個終點。他提出可以繼續優化香港貨幣制度,包括擴寬可兌換範圍、或轉與美元、人民幣或成分保密的一籃子外國貨幣掛鈎,必要時甚或放棄預設的匯率目標及範圍。

他解釋,目前與1983年不同,香港背靠內地,人民幣是強勢貨幣,港元匯率卻與弱勢的美元掛鈎,進口型經濟難免輸入通脹,加上外圍救市提振經濟,故要檢視貨幣體制是否最符合大眾利益。

任志剛在文中指出,在聯匯制度下,並無多少空間可採用相對傳統的權衡性貨幣政策來調控基礎貨幣的價格或供應,以達到低通脹、低失業和經濟穩定持續增長等其他貨幣政策目標。他認為我們要思考,港元匯價穩定所付出的代價是否在任何時候,不管香港面對的環境如何改變,依然值得。

文章發表後，任志剛於2012年10月13日出席香港中文大學EMBA課程主辦的講座時，再次談及有關事件，認為有關言論旨在提醒大家思考金融的核心價值。他指出：「管理金融的人或機構，其中一個很重要的核心價值就是要認清公眾利益所在，再找出或建立一個機制，來爭取最大的公眾利益。而最符合公眾利益的政策，未必是永恆不變的，在不同的情況下有不同的考慮。

「與此同時，市民大眾的期望也會隨時間改變，有見通貨膨脹、資產泡沫等一發不可收拾，市民無法上車，那現行的一套貨幣政策是否仍然符合公眾利益？我不是說它已經不符合，這篇退休三年後才寫的文章，只是說不管由誰來掌管金管局，都要知道公眾利益之所在，並去確定目前的機制是否符合公眾利益。如果經過深思熟慮，覺得市民大眾所追求的是通脹較低、資產價格較為穩定、提高就業率、刺激經濟增長等，因而把貨幣政策的目標調整一下，我認為是天經地義的……在位的時候，不代表我沒有考慮過這些問題……我們都必須有兩手準備。

「無風無浪毋須啟用自是最好，但有必要時只要一打開夾萬，就可推出方案。我只是關心香港，才提出我們是否要重新思考一下。」

隨着人民幣逐步走向國際化，成為部分國家的儲備貨幣，金融市場要求放棄跟美元掛鈎，改為掛靠人民幣的呼聲日高。尤其在2008年之後美國聯儲局長期實行量寬政策，令美元持續疲弱，連累港元成為「弱勢貨幣」，棄美元隨人民幣似正成為無可逆轉的趨勢。

祈連活：任總高估了人民幣

就任志剛「檢討聯滙」的言論，「聯滙之父」祈連活亦有回應，指任志剛高估人民幣成為國際儲備貨幣的速度，他認為人民幣要挑戰美元需時數以十年計。他重申，實行了29年與美元掛鈎的聯滙制度，仍然最適用於香港，儘管有時美國的貨幣政策未必適合香港，但相信港元以7.8的滙率水平與美元掛鈎，仍然是香港貨幣穩定、安全及最有效的基礎。

就任志剛認為可考慮香港的聯滙制度以權衡性管理方式運作，並設定如通脹的政策目標；祈連活指出，香港經濟很大程度依賴貿易及外部資金流向，較難達到通脹目標。能夠自給自足的經濟如美國及英國要達到有關目標亦相當困難，對香港細小而開放的經濟體系，設定有關目標幾乎是不可能的任務。

《信報》「專題」2012年6月22日

香港人民幣離岸中心的源起、角色和發展

2008年全球金融危機充分暴露了國際貨幣體系的內在缺陷和系統性風險，以美元為主導的國際貨幣體系是造成全球經濟不平衡的主要原因，特別是美國為了應對危機、遏止因金融危機導致的經濟下滑，聯儲局推出量化寬鬆，令美元氾濫。不少評論認為，美國是藉量寬把危機引向其他國家。

在此背景之下，中國政府決定加快人民幣國際化的步驟，在金融危機爆發後，中國與六個國家和地區簽署總額達6,500億元人民幣的雙邊本幣互換協議；到2009年7月，中國正式啟動跨境貿易人民幣結算試點工作；隨後中國在香港金融市場擴大人民幣債券、貿易融資等人民幣業務。

1993年前，人民幣一直不准在內地以外流通。旅客出境前，必先將所有人民幣兌換為外幣。這項限制於當年3月取消，個人遊客每次出入境均可攜帶不超過6,000元人民幣（2005年1月1日起，限額提高至20,000元人民幣），境外累積的人民幣現鈔因而逐漸增加。

2001年，中國人民銀行及香港金融管理局開始商討設立合法渠道，讓香港流通的人民幣可以回流內地。2003年11月18日，人民銀行宣布同意讓香港辦理4類個人人民幣業務，包括存款、兌換、滙款、信用卡的銀行結算安排。

踏入2009年，香港人民幣業務進入跨境貿易結算試驗期。1月，人民銀行與金管局簽署貨幣互換協議，為期三年。貨幣互換在原有的合作基礎上建立，提供流動性支持規模為2,000億元人民幣／2,270億港幣。必要時，可為兩地商業銀行設於另一方的分支機構提供短期流動性支持，以應付不時之需。

內地與香港經貿合作項目簽約儀式
Signing Ceremony of
Mainland-Hong Kong Economic and Trade Cooperation Projects

中華人民共和國香港特別行政區政府　The Government of the Hong Kong Special Administrative Region of
the People's Republic of China
中華人民共和國商務部　Ministry of Commerce of the People's Republic of China

6月29日，內地與香港簽署跨境貿易人民幣結算業務備忘錄，香港成為首個境外人民幣結算區。香港企業可以選擇使用人民幣與內地五個城市，即上海、廣州、深圳、珠海及東莞的365家合資格企業進行貿易結算。試點推出後6個月，經香港銀行處理的人民幣貿易結算交易總額不到20億元人民幣，每月平均只有3至4億元人民幣。

2010年6月，內地進一步將試點城市和企業分別增加20個和67,359家。內地城市包括北京、天津、內蒙古、遼寧、上海、江蘇、浙江、福建、山東、湖北、廣東、廣西、海南、重慶、四川、雲南、吉林、黑龍江、西藏及新疆均作為試點。2012年，全年經銀行處理的人民幣貿易結算交易達到26,325億元人民幣。

香港成離岸人民幣中心

2010年7月19日，人民銀行與金管局簽署新的《人民幣業務合作備忘錄》及修訂《香港銀行人民幣業務清算協議》，允許個人和企業可以透過銀行自由進行人民幣資金轉賬和支付，放寬企業開立人民幣戶口，並不設兌換限制，進一步擴大香港企業、機構人民幣業務。

港銀北上 內銀南下

受惠於更緊密經貿關係安排（CEPA），香港銀行申請在內地經營人民幣業務的條件放寬。由在內地開業三年以上減為開業二年以上，並更改盈利資格審查，由銀行在內地的單一分行考核，轉為多間分行整體考核。截至2010年12月底止，共有13家香港註冊銀行於內地開展業務。除滙豐和東亞外，還有恒生、星展、永亨、中信嘉華、摩根大通銀行、渣打和花旗等。

隨着中港經濟融合，愈來愈多中資企業「走出去」，包括來港上市等。中資銀行亦在港積極擴展。至2011年，佔香港銀行體系總資產早已超過兩成。內地銀行在港資產佔本港銀行體系總資產由2004年的16%，升至2010年6月底的21%，同期貸款佔香港銀行總貸款比重由22%升至29%。

香港與上海的「瑜亮情結」

正當香港金融界忙於設計離岸人民幣產品，上海金融服務辦公室主任方星海則明言離岸人民幣業務的發展不能太快，要配合上海在岸市場進展，甚至建議在香港發債等融資方式取得的人民幣，不應全部滙回內地。

事源前特首曾蔭權出席亞洲金融論壇時，形容香港是「中國的國際金融中心」，即時挑起同場的上海官員神經。主管上海金融業務發展的方星海，特意以流利英語提醒在場中外金融界人士，「上海是中央認定的國際金融中心」，並多番強調香港雖是發展離岸人民幣金融業務的理想地點，但速度不宜太快，應與上海這「正宗」人民幣在岸金融中心形成良性互動。方星海直言，人民幣國際化重點是加快上海在岸市場的發展，而不應讓離岸市場反客為主。他聲言，香港有需要設立人民幣回流機制，但不應允許大部分資金滙回內地，讓香港人民幣債券市場所籌資金留在境外，才更有助於推進人民幣國際化進程。

2011年8月，時任國務院副總理的李克強訪港，提出多項措施包括港股交易所買賣基金（ETF）、人民幣境外合格機構投資者（RQFII）及外商使用人民幣到內地直接投資（FDI）等，並擴大人民幣跨境貿易的結算範圍至全國。10月，人行及商務部正式公布FDI管理辦法。12月，中證監、人行、外管局正式發布RQFII試點辦法。人民幣回流機制正式啟動。

自2011年3月，國家公布「十二五規劃」後，明確支持香港發展成為離岸人民幣業務中心，香港人民幣存款增至6,273億元，經香港銀行進行的人民幣貿易結算佔全國九成。2011年4月，香港首隻以人民幣計價的房地產信託基金（REIT）滙賢產業信託（87001）掛牌。2012年1月，RQFII產品正式於香港發售。4月，中證監增加RQFII投資額度，並允許RQFII的A股ETF產品可於港交所上市。

香港離岸人民幣銀行同業市場和外滙市場已經初步形成，並逐漸趨向成熟。據估算，2012年香港離岸人民幣外滙市場，平均每天的離岸即期和遠期人民幣交易量合共達50億美元，相等於320億元人民幣。香港離岸人民幣外滙交易量居全球之首，即期外滙交易量佔全球的56%。環球銀行金融電信協會（SWIFT）的統計更指出，香港銀行的人民幣收付交易量佔全球將近八成。

截至2012年，香港已經成為全球的人民幣貿易結算中心、最大的人民幣海外流動集散地、人民幣離岸債券中心和全球人民幣清算平台。通過香港人民幣離岸市場的建設，人民幣離岸業務將發展成為香港金融市場的重要組成部分，並成為人民幣國際化的里程碑，更會成為連結中國金融市場和全球金融市場的樞紐。

各國及地區競逐人民幣業務情況

新加坡	新加坡作為輻射東南亞貿易和投資的區域要津，銳意發展香港以外第二個離岸人民幣業務中心，還派出新加坡金管局主席吳作棟訪京，當面游說前國務院總理溫家寶。2010年7月，新加坡金融管理局與中國人民銀行簽署了1,500億元人民幣的雙邊貨幣互換協定；新加坡也是全球第一家提供人民幣遠期合同場外交易清算服務的交易所。
台灣	在第三屆滬台論壇上，國票金控董事長魏啟林、中信金控副董事長薛香川皆認為台灣具備優勢成為人民幣離岸中心，且條件比香港好。國票金控董事長魏啟林表示，台灣有機會成為繼香港後第二個人民幣離岸中心，因台灣貿易順差大。
倫敦	倫敦是中國政府除香港之外唯一公開表示支持建設離岸交易中心的城市。在2012年，英國財政大臣聲稱希望倫敦建成主要離岸人民幣交易中心。倫敦金融城政府於2012年4月份的報告指，倫敦的客戶和銀行間人民幣存款已達到1,090億元人民幣，其中客戶存款為350億元。
杜拜	杜拜是全球五大石油出口國之一、海灣地區第二大經濟體，中東最大轉口貿易港，這些條件都為包括石油在內的商品用人民幣交易創造機遇。2012年1月，杜拜與中國簽署了350億元人民幣的雙邊貨幣互換協議，Emirates銀行也發行了第一隻規模為7.5億、期限三年的點心債，杜拜國際金融中心（DIFC）也在加速建設人民幣支付系統和清算機制。
悉尼	中國是澳洲最大鐵礦石進口國，在未來貿易安排上，澳洲第一大鐵礦石生產商已明確表示會考慮將人民幣納入鐵礦石交易結算當中。澳洲第三大鐵礦石生產商FMG集團首席執行官Andrew Forrest也表示，該公司在中國的首筆以人民幣計價結算的鐵礦石交易已完成。
東京	2012年6月1日起，東京和上海兩地市場上開展日圓和人民幣的直接兌換業務；同年，中日兩國簽署了240億元人民幣的貨幣互換協定。目前，兩國的貨幣清算機制還在商談之中，但是隨著中日直兌的開始，全球第二大和第三大經濟體之間推動雙方本幣相互支付的空間擴大。

橋樑角色 任重道遠

結語

引言

本書「結語」原寫於五年前，但其題目「橋樑角色 任重道遠」則不但毋須修改，且更貼近於當前香港的地位和作用。中國政府因應2008年金融海嘯之後出現的新形勢——美元影響力下降、歐羅區金融和經濟千瘡百孔、新興經濟體如印度、巴西、俄羅斯等的影響力日增，中國決定加快人民幣國際化步伐，前國家主席胡錦濤2011年訪美期間，美國政府表態支持人民幣在國際貨幣基金組織（IMF）的特別提款權（SDR）中有更大話語權，意味中國在國際金融舞台的影響力將大大提升。

然而，人民幣國際化是一個漫長過程，中國政府必須整體衡量各項條件，如宏觀經濟實力、外滙儲備、人民幣滙率機制，以及金融安全等課題；在人民幣國際化的過程中，香港作為人民幣離岸中心將扮演重要角色，包括成為境外人民幣的存付、結算、投資平台，在推出人民幣產品，以及在人民幣資產定價等方面，香港的地位都會舉足輕重。對香港而言，這不但是商機，更是香港可以在國際金融市場中首次發揮戰略性作用的契機，為中國冒起成為全球經濟大國「保駕護航」。

40年的風風雨雨，見證了香港金融市場從一個地區商業中心，逐步發展成為國際金融中心，業界的努力，加上政府的各項改革，令香港金融市場能夠脫穎而出，拋離其他亞太區大城市，建立了一個有效率、透明度高、監管架構嚴謹的金融市場；歷史證明，這個平台經得起考驗，在多次大風暴之中，不但沒有倒下，反而乘着每一次機會去弊興革，建立起卓著的聲譽。

香港金融市場揚威國際舞臺的代表作，相信是2006年替幾家內地大型國有商業銀行進行上市集資，當年港股的IPO集資額超過了紐約和倫敦，聲名大噪，令紐約市長彭博（Bloomberg）急忙下令聘請顧問公司研究，為什麼紐約會落在香港之後？

1987年，聯交所成立時，一眾委員率團訪問紐約證交所，以拜會華爾街金融區為榮，為香港股市壯一壯聲勢，誰會料到，在相隔約20年之後，這位金融市場「老大哥」竟然會認為香港股市是它們的威脅！

國際舞台的足跡

2008 年 1 月 17 日，《時代》雜誌以「紐倫港」（Ny-lon-kong）為名，再一次把紐約、倫敦和香港並列，剖析三個城市如何因相通的經濟文化而互相聯繫，成為全球化的典範。

香港是兩大世界金融中心之一

早年畢業於芝加哥大學的聯交所前行政總裁袁天凡在接受本書訪問時表示，香港金融市場的國際性其實已令香港在某程度上超越紐約。

「如果你說世界金融中心，我覺得有兩個，它們現在是，將來也是，一個是倫敦，一個就是香港。

「我不覺得紐約是國際金融中心，東京也不是，現在或者將來都不是，上海也不是。其他有機會成為國際金融中心的可能是新加坡或瑞士，其他的地方我覺得不會，主要原因是什麼？」

金融業是倫敦最大的行業。

紐約永遠以美國為中心

袁天凡解釋，紐約永遠是美國化，不可能國際化，因為美國投資者一定比美國以外的投資者多，故此美國市場一定會先迎合美國的投資者，這與國際投資者要求的可能未必一樣，甚至可能會有衝突，這是第一個因素。

「第二、美國人會不會忍受因紐約股市造成的金融風波，影響美國的民生？美國政府不會，日本政府更加不會。如果有外國金融大鱷興風作浪，美國肯定不會容忍。

「東京也是同一個道理，日本人會不會讓外國投資者在她的市場興風作浪，可能會影響民生、影響日本人民的取向？中國又會不會？中國會不會讓外資在上海的市場『舞高弄低』，令財富大轉移來迎合所謂國際投資者的要求？未必會。

「香港呢？ By accident（意外地）是容許這些事情發生，因為香港以前在英國統治下，香港人要自己保護自己，金融市場有什麼大風浪，影響範圍並不是那麼大。

世界金融中心的擂台

「金融業在倫敦是最大的一個行業，但它本土市場不大，要服務整個歐洲，相比之下，紐約有自己足夠大的國內規模。中國最重要的則是看內地投資者的需求。香港其實有很多是by accident的，我提供一個擂台出來，你就在那裏打吧！

「內地公司來香港上市，不是香港人選的，而是中國政府選的。雖然香港經濟體系很小，但還是有很大型的公司來本港上市。公司質素亦不是香港人可以選的，這是中國的策略。更加好運的是，幾年前因為中國比較看重名牌，大公司上市始終喜歡往紐約，在Enron（英隆事件）發生後，

袁天凡稱，時勢使然，內地公司多選擇來香港上市。

香港有中國大陸做「大靠山」，造就了其
獨有的優勢。

在紐約上市的成本高了很多，這是中國人說的時勢使然，
內地公司改為選擇香港。

「我想各個政府都想做金融中心，東京、新加坡很想做，
但是她們欠缺一樣東西，就是一個龐大的支援腹地，比如
馬來西亞，她不會把公司在新加坡上市。

中國化 vs 國際化

「所以，香港雖然這麼小，但有中國的市場，很多地方都
想做金融中心，但不像香港有個『大靠山』，而香港有這
個優勢，加上香港和中國內地在同一時區，造就了香港獨
有的優勢。

「英國為什麼會勝過德國和法國而成為歐洲金融中心？因
為法國和德國股市過於本地化。很多公司上市都會按英國
的商業法進行，那些合約的精髓都是英式的體系，歐洲的
大城市及不上，故此不是主觀願望就可以做得到（金融中
心）的。

「所以，你問我香港應否走中國化或者國際化，我覺得如
果香港走中國化，其實是『自殺』，因為你走中國化，絕

紐約永遠美國化，不可能國際化；因為美國的投資者夠多，美國市場一定先迎合美國投資者。

對比不上上海，香港走的，應該永遠是國際化。國際化最重要的，是你的投資者在哪裏。

「不同背景的資金，它們目標可能不同，這樣才有買賣，一窩蜂是沒用的。國際化的口號有時太形式化，像90年代香港交易所引入一批美國股票，但從來沒有什麼買賣，你看着可能覺得自己很成功，很國際化；即使Microsoft來港掛牌又有什麼用？香港市場有什麼優勢，要先想一想。

「最重要的其實是參與者要在這裏賺到錢，如果不成，你就沒得玩了。那麼參與者怎樣在這裏賺錢？你要把交易費用減低一些。外國公司在香港上市，最重要是集得資金，Money has no color（錢是沒有顏色的），比如股票，我在美國買10元一股，在香港11元一股，我沒理由不在美國買。我只會考慮在哪裏能用最低價錢買到大量股票，你能夠做到，就能吸引投資者。」

香港市場擁足夠競爭力

為了吸引更多投資者,港交所前行政總裁周文耀表示,港交所已作了不少努力,到了 2008 年底,港交所可以應付三至五倍成交增長。

「港交所收集了很多意見,總結之後,我們做了幾件事:第一,我們改善了產品,引進預託證券、季度報告。我們也在推廣方面多做些工夫,繼內地和香港之後,也會在亞洲和歐洲推介。

「在產品方面,我們也研究碳排放權交易,未來我們會推出黃金買賣,如果成功,也會考慮其他產品。對於證券產品來說,我們會諮詢市場。

「在服務系統方面,港交所推出了第三代結算系統,引進收市競價制度,增加股票編號至五位數。在IT方面,2008 年底港交所在七個最主要的系統包括交易、資訊交收、資訊公布、網絡功能、衍生產品、硬件及軟件功能都會進行提升。到了2008 年底,港交所可以應付三至五倍成交增長。」

周文耀更進一步分析交易所之間的競爭關鍵。

「交易所、國與國的特點趨同,長遠而言,交易所之間要競爭什麼呢?答案是市場的質素和服務、風險管理、運作成本和交易費用。

「今天很多外國交易所包括香港交易所在內,均採納國際標準,並漸漸趨同。在未來15年或25年,香港、中國大陸、印度、巴西、俄羅斯、中東、南非這些市場的增長,一定會高於成熟市場,這是不可避免的,例如紐約交易所在很多年前佔據了全球上市公司市值的一半,日後它佔的比例一定會減少。

內地公司除了在 A 股市場上市,也在香港市場上市。

周文耀認為，大部分上市公司都會選擇在本土上市。

「再看20年前《財富》選出五百間最大的公司，可能有六七成是美國公司，現在你發現有印度公司，有俄羅斯公司、中國公司、巴西公司，這是不可避免的，可以看到未來的競爭愈來愈激烈。」

有批評謂指香港股市太依賴中國，周文耀卻認為大部分上市公司都會選擇在本土上市。

「香港是中國的一部分，通常公司都會在自己本土上市，除非本土的市場不成熟，交易所沒有達致國際水準。當年最成熟的市場就是紐約和倫敦，當然就吸引到很多國企和外國公司上市，今天情況就不同了。

「我想沒有一個市場是不依賴自己的本土市場的，比如美國、日本、英國、新加坡，大部分上市公司都是本土的公司。

「世界上為什麼會有這麼多不同的交易所？就是因為有本土效應。早期本國的資本市場發展不成熟，所以發展快的公司就會去紐約、倫敦上市，例如現在的俄羅斯公司都到海外上市，但是30年後，我相信很多俄羅斯公司都會回到本國上市，印度公司也會在自己的交易所上市。所以，現在有很多內地公司在A股市場上市，也在香港上市。」

香港排世界第三位

前港交所主席李業廣指出，倫敦市政府最近聘請跨國顧問公司做的環球金融中心指數，評估香港為僅次於倫敦和紐約的全球第三大國際金融中心。

「香港在很多方面都得了高分，我們的監管水平、產品、市場的流動資金等，評分都偏高。這個對於香港來說是很重要的訊息。

東京正在穩固其作為本土金融中心的地位。

「以世界的金融市場來說，其實分為三個時區，一個是美洲，一個是歐洲，一個就是亞洲。美洲當然以紐約排第一，是最大的金融市場；歐洲就是倫敦；亞洲來說，香港最有機會、有能力可以做國際金融中心。這三個金融中心聯手，可以為投資者提供24小時的交易，香港收市就到倫敦開市，倫敦差不多收市，紐約就開市了，紐約收市，倫敦香港就差不多又開市了。三個不同的時區為投資者提供24小時交易，我覺得這個很重要。

「這三個金融中心有三個共同點。第一都是用英文，所以交流起來沒有困難。第二就是美國和香港的法律制度都是源自英國普通法，所以三地的法律制度都很相近，而國際投資者對英國的普通法最有信心，所以這三地的制度沒有什麼問題。第三，就是三地的監管標準都差不多，所以紐約、倫敦和香港很有機會成為鼎足而立的世界金融中心。」

經過多年打拼，香港的地位終於獲得確認。

香港是下鑽石蛋的鵝

《信報》創辦人林行止於香港回歸十周年時，曾於他的專欄中，刊出他接受內地傳媒書面訪談的內容。當時，林行止總結了香港金融業成功的一些因素。

在多家大型國企來港上市後，港股市值於2006年突破十萬億元。

「我認為香港過去是往外看的商貿經濟，本地工業在中國實施改革開放後，大量內遷，剩下金融經貿最發達。

「回歸以來，內地許多國企和私企，或為發展、或為還債，大舉集資，香港順勢發展，自然而然成了規模更大、集散速度更快的資本市場。

「沒有工業，只有金融地產業最為發達，『錢賺錢』的回報遠比付出勞力和智力者高，富者愈富的情況明顯，雖然貧富懸殊是近年許多地方都在面對的問題，對於香港，這是個不容怠慢的現象。」

林行止認為，在談及中央政府對香港的政策傾斜，如CEPA及自由行的同時，不能忽略香港對中國的巨大貢獻。

「在我看來，那些所謂『政策傾斜』，相對於香港是中國一隻會下鑽石蛋的鵝而言，實在微不足道。國內自從實施經濟改革，香港便是中國要人才有人才、要錢財有錢財的『寶地』。即使如今大陸經濟已經起飛，企業集資，香港還是內地官商的最佳選擇。要不是香港的前鋒作用，中國的經濟改革的成效不會那麼快展現。香港對中國發展經濟的重要性絕對不亞於香港對中國市場的依賴。

「政策傾斜其實是兩利的。過去土產廉價輸港，除了令香

港低下階層能有廉價用品和食物供應，還有為內地創滙的好處（港英時期有『中國垃圾運港變為美鈔』的說法）；現在給香港各種優惠，亦可視為令下金蛋的鵝『進化』為下鑽石，其好處大都歸於內地企業。內地和香港在經濟上有互補性，因此才有『傾斜政策』出籠。」（《林行止專欄‧激揚港事清濁 回歸十年徽音》，2007-07-03）

香港沒有工業，只有金融地產業最發達。

香港具優勢

林行止在 2007 年初早已提出「香港是中國一隻會下鑽石蛋的鵝」這個比喻，他對香港的優勢，曾作以下的深入剖析。

「聯交所的統計顯示，去年（2006 年）H 股及紅籌股在香港股市集資額達三千六百零四億港元，其中首次上市集資二千九百六十億、上市後集資六百四十四億，比上年度（2005 年）分別增加百分之八十四及三十六！

「香港股市發揮了為企業籌措資金的原始功能，令香港在殖民時期『把大陸垃圾變成外滙』的金鵝，一躍成為鑽石鵝。過去，內地運來貨物才能變成鈔票，現在，國企、紅籌以至民企開動印刷機印『公仔紙』，便能換成貨幣。

「中國諱言『走資』，然而，通過香港，她已充分享受了

資本主義的好處。就憑香港這頭生鑽石蛋的鵝,中國經濟發展的速度與強度,將大幅拋離印度。

「在中國經濟成長過程上,香港擔當如此吃重的角色,並非無意轉入此中來,而是北京政府貫徹不干預香港經濟事務承諾所累積的成果。在處理香港問題上,中國是政經分離的。

「政治上,中國可說是《基本法》原教旨主義派,政制發展進度以至行政規劃,嚴格按照《基本法》的框框條條辦事,不管民間提出什麼訴求,其中有多少是合理、進步、溫和的灼見,北京相應不理;但在經濟上則賦予香港無限自由。這種策略已取得顯著成果,香港經濟與西方經濟同呼吸共進退,而有中國為後盾,香港經濟在世界經濟退潮中有超常的抗跌力,處升勢則強而有勁。」(《林行止專欄·讓香港鵝長生鑽石蛋》,2007-01-03)

如何令到香港繼續成為會生鑽石蛋的鵝,林行止在文章中提出兩個看法。

「第一是中國應妥善運用集資所得,同時應趁機在企業改革上作長期規劃,不要滿足於賺短錢,要在所有權私有化、管理制度化及業務發展透明化上達到國際水準,如此才能令國際投資者有信心作長線投資。

「第二是必須設法撫平、撫順此間中產階級追求起碼民主的訴求,這方面的工作做得不好,香港社會各層面都有怨氣,意外頻生,香港變成醜陋的資本主義社會,對誰都沒有好處!」

奠定國際金融中心地位

倫敦金融城(City of London)在 2007 年公布了一項全球金融中心排名指數(GFCI),此調查每兩年公布一

林行止認為，中央對香港的政策傾斜如自由行，實為互惠互利之舉。

次，對全球 46 個城市作為金融中心所具備的競爭力加以比較和排名。全球金融中心排名指數是根據對全球金融服務業決策層人士進行的網上問卷調查結果，結合 47 個有關競爭力的不同指數，綜合計算分析得出。

根據這次調查的結果，受訪者認為香港最有可能成為全球金融中心，因為它的監管良好，高質素的專業人力資源充足，而且已經是重要的區域金融中心。從各項指標來看，上海都無法跟香港比。

根據調查報告，成功的金融中心扮演了五個角色中至少一個：
· 全球金融中心，目前只有倫敦和紐約夠這個資格；
· 國際金融中心，比如香港，承擔了大量跨國交易活動；
· 特色金融中心，在某個領域獨佔鰲頭，比如蘇黎世的私人銀行業是世界第一；
· 全國金融中心，作為一個國家的主要金融服務中心，例如上海；
· 區域金融中心，承擔了國內一個地區的主要金融業務，例如芝加哥既是一個國際金融中心，又是一個地區金融中心。

2007 年的調查結果表明，金融界要員對構成金融中心競爭力的要素的看法跟兩年前不同。2005 年，在《倫敦作為全球金融中心的相對競爭力調查報告》中，大多數受訪者認為人才和技術是整體競爭力的首要因素，而 2007 年的調查顯示，金融界的關注焦點已經轉移到政府監管政策

和稅務環境；調查發現，金融界視監管質素為衡量一個市場競爭力的重要因素。

調查又評核各個金融市場的市場准入情況。市場准入是指金融中心的證券化程度，股票、債券的交易數量，以及城市中為金融領域服務的公司的數量。至於另一準則——基礎設施，則是衡量該城市中建築物租金和是否有足夠的辦公面積；至於綜合競爭力一項，則用作考量一個城市的生活條件。

計算指數中採納的其他競爭力因素指數還包括人力（高質素勞動力供應、勞動力市場靈活程度、商業教育和人力資本開發情況）、商業環境（監管、稅率、貪污嚴重程度、經濟自由度和營商環境是否寬鬆）、市場狀況和基礎設施條件，以及居住和生活條件等因素。

關於亞洲是否可能出現一個可以跟倫敦和紐約平起平坐的全球金融中心，2007 年的調查報告沒有作出定論，但排名指數顯示，香港和新加坡正成為國際金融中心，而東京和上海正在穩固她們作為國內金融中心的地位。

內地和香港在經濟上有互補性。

倫敦金融城政府政策與資源委員會指出，全球金融中心排名指數突顯了兩個亞洲金融中心——香港和新加坡——在競爭力上遠超倫敦以外的其他任何一個歐洲城市。

此外，倫敦金融城 2005 年的金融中心競爭力調查報告又顯示，當時亞洲幾個金融市場之間沒有明確的高低之分，而 2007 年的調查則清楚表明，香港正在成為世界金融中心，而日本東京僅排名第 9，兩年前的調查中備受青睞的上海和北京，2007 年名列第 24 和 36。

調查的結果顯示，在全球金融界決策層人士眼中，香港的國際中心地位已經得到確認。

國際金融中心排名指數(GFCl3)——世界前十位金融中心排名(2007年)

金融中心	排名	GFCl等級	總體評估
倫敦	1（1）	795（806）	儘管倫敦在最新的統計中比兩年前的上一次調查（GFC12）的統計少了11分，但是她仍舊排在第一位。北岩銀行（Northern Rock）面臨的危機和非本地居民的稅務問題的處理，令倫敦的排位輕微下調。雖然倫敦的機場和其他運輸基礎建設不斷受批評，然而倫敦的分數仍然排在前四位，她的等級仍舊非常高。倫敦的問卷調查得到最多的回應，說明她作為一個金融中心所具有的彈性和復原能力。
紐約	2（2）	786（787）	在超過80%的有效因素裏，紐約都排在較前位置。新的統計只比上次調查的統計減少一分。第一次有來自銀行部門的回答問卷，給出的評分等級要高於倫敦。
香港	3（3）	695（697）	香港仍穩佔第三位。在總體等級評估中，只少兩分。儘管香港在保險行業的問卷回答者中，她的排名下滑到第四位，但是在五個主要的競爭領域中，仍然佔據強而有力的位置。
新加坡	4（4）	675（673）	新加坡在今次調查中表現良好，提高兩分，更迫近香港。在前十名金融中心裏，只有兩個等級分數有提升（另一個是東京），新加坡就是其中之一。在保險行業的問卷回答者中，新加坡在世界排第五名。而在以往同樣的問卷中，她不在前十位。新加坡的銀行管理仍舊很嚴格。
蘇黎世	5（5）	665（666）	蘇黎世仍然是最強大的金融中心，私人銀行和資產管理是她主要強項。從上次的調查開始，她就在主要的競爭領域保持很高的等級，並且在保險業贏得高分。
法蘭克福	6（6）	642（649）	法蘭克福仍是歐洲主要的金融樞紐。從上次的統計開始，她在人力資源的質素上有明顯進步，並且在其他競爭因素如專業服務方面保持強勢。
日內瓦	7（7）	640（645）	隨着日內瓦的資產管理、銀行和政府或管制問題的等級提升，她在歐洲大陸成為排名第三的金融中心，然而她的保險業和專業服務的等級卻相應下降。
芝加哥	8（8）	637（639）	幾個競爭領域的排名都比上一次有所提升，特別是商業環境、總體競爭力。
東京	9（10）	628（625）	東京取代悉尼的位置，排名第九。她和新加坡是頭十個金融中心中僅有的兩個等級有所提升的國家。她的經濟實力繼續加強，有全世界第二大的股市（以市值計），這兩個特點抵消她長期的管制問題，以及國際金融人才短缺等負面因素。
悉尼	10（9）	621（636）	悉尼排名落到第十位，但是在銀行行業方面的問卷回答者中卻得到很高評級。悉尼地理位置偏遠，但她將在亞太區繼續保持一個主要區域樞紐位置。

註：括號內數字為上次調查的表現

附錄一：
香港金融大事紀要（1973-2012）

1973年

1月6日	港府宣布成立證券諮詢委員會，希望加強對股票市場的監察。
2月	馮景禧正式註冊成立新鴻基證券有限公司。
3月1日	港府緊急頒布《1973年第20號法令》，統稱《證券交易所管制條例》，禁止濫開證券交易所。
3月9日	恒生指數因市場過度炒作而飆升至1774.94點歷史高位，單日成交量達6.19億元。
3月12日	股市因發現3張合和實業有限公司的假股票而逐步滑落，並觸發大規模拋售潮。 置地公司發行香港第一種股本認股權證。
7月3日	《信報財經新聞》創刊。
10月6日	埃及和敍利亞聯手突襲以色列，第四次中東戰爭爆發。
10月18日	沙地阿拉伯帶頭減少石油生產量，並禁止將石油輸往美國，觸發第一次世界性的石油危機。

是年，股票成交額升至 482.17 億元，恒生指數最後一個交易日收市為 433.68 點。

1974年

2月13日　　立法局通過證券法草案《1974年證券條例》及《1974年保障投資者條例》。

2月　　　　港府解除對黃金進出口的管制。

4月20日　　香港證券登記總會成立。

7月18日　　香港證券交易所聯合會成立。

8月19日　　股票投資賠償基金正式運作。

是年，股票成交額則跌至112.46億元，恒生指數最後一個交易日收市為171.11點。

1975年

8月18日　　證券事務監察委員會頒布通過《公司收購及合併守則》。

是年，股票成交額為103.35億元，恒生指數最後一個交易日收市為350點。

1976年

8月	港府通過《商品交易條例》，同年12月17日香港商品交易所成立，隨後獲港府發出經營期貨市場牌照。 港府制定《接受存款公司》條例。

是年，股票成交額回升至131.56億元，恒生指數最後一個交易日收市為447.67點。

1977年

4月6日	香港會與遠東會向外發表公布，表示達成自行合併的共識。
5月9日	香港商品交易所首先推出棉花期貨合約買賣，其後相繼推出原糖、黃豆及黃金的期貨合約買賣。
6月	和記企業宣布與黃埔船塢合併。
12月	港府成立內幕交易審裁處，專責審裁內幕人士的股票交易行為。 郭鶴年在港興建香格里拉酒店。

是年，股票成交額萎縮至61.27億元，恒生指數最後一個交易日收市為404.02點。

1978 年

3 月　　　　港府宣布重新向外資銀行頒發銀行牌照。

12月18日　　中共十一屆三中全會在北京召開，確立經濟改革的方
　　　　　　向。

　　　　　　年底，中東再爆發戰爭，伊朗與伊拉克兵戎相見，國
　　　　　　際油價迅速飆升。

是年，股票成交額急升至 274.19 億元，恒生指數最後一個
交易日收市為 495.51 點。

1979 年

5月9日　　　立法局通過《1979年石油（節省及管制）條例》。

9月25日　　　長江實業以每股7.1元價格向滙豐收購和記黃埔9,000
　　　　　　萬股普通股，成為該集團的單一最大股東。

10月4日　　　中國國際信託投資公司在北京成立，港商王寬誠、李
　　　　　　嘉誠、霍英東等獲邀加入董事局。

是年，股票成交額為 256.33 億元，恒生指數最後一個交易
日收市為 879.38 點。

1980年

6月	香港置地公司與包玉剛就九倉的控股權問題展開收購戰。
6月23日	包玉剛以每股105元高價向市場收集不超過50%的九倉股權，成功取得該公司的控股權。
7月	香港聯合交易所聯會成立。
8月	立法局通過《1980年證券交易所合併法案》。

是年，股票成交額升至 700.41 億元，恒生指數最後一個交易日收市為 1,473.59 點。

1981 年

1 月	香港證券事務監察委員會修訂《收購及合併守則》，將上市公司的「控股權」定義修訂為35%。 港府成立香港銀行公會，以取代傳統的香港外滙銀行公會。 李嘉誠出任和記黃埔主席。
4 月	港府修訂銀行業條例，建立金融三級制。該制度於1983年7月1日正式實施。
7月17日	恒生指數攀上1810.20點新高。
12 月	置地宣布斥資9億元收購香港電話34.9%股權。 滙豐與香港銀行公會達成協定，出任票據交換所管理銀行。

是年，股票成交額升至1,059.70億元，恒生指數最後一個交易日收市為1,405.82點。

1982年

3月　　　　新鴻基財務獲政府頒發銀行牌照，重組為新鴻基銀行。
4月　　　　置地宣布斥資27.58億元收購香港電燈34.9%股權。
9月　　　　英國首相戴卓爾夫人訪問北京，中英就香港問題談判
　　　　　　拉開序幕。
12月2日　　受投資信心薄弱影響，恒生指數跌至637.18水平。

是年，股票成交額減至462.72億元，恒生指數最後一個交
易日收市為783.82點。

1983年

1月	中國海洋石油在港設立代表處。
7月1日	英方向中方提出以主權換治權的建議，遭到中方拒絕。
7月8日	華潤集團在港成立。
8月	股市氣氛低沉，英資大舉沽貨，恒生指數繼續尋底。
9月10日	鄧小平會見英國前首相希思，明確表示中方堅決收回香港主權。該月，港元對美元滙價跌至9.6兌1歷史最低位。
9月28日	港府接管恒隆銀行，1989年9月轉售予國浩集團。
10月	一度被視為「鐵股」的佳寧置業罕有地宣布取消派發中期息，暴露了佳寧的困境，其股價在一天內暴跌三成，最終破產。
10月17日	香港開始實行港元聯繫滙率制。
11月15日	大來信貸財務公司無法償還債務，其控股公司在香港股市停牌。

是年，股票成交額減至371.66億元，恒生指數最後一個交易日收市為874.94點。

1984年

3月28日　　怡和公司宣布總部將遷至英屬自治區百慕達。

6月中　　　因傳聞中英談判有進展，再加上港元轉強而消除加息壓力，買盤增多，指數重上1,000點關口。

8月初　　　受英國外相賀維訪問北京後發表中方將會確保香港司法、行政及經濟體系不變的消息影響，股市買賣活躍。

9月26日　　中英達成協議，草簽《中英聯合聲明》，並在12月底公布。

9月　　　　4家交易所宣布合併為香港聯合交易所，並在1986年4月2日正式投入運作。

是年，股票成交額為488.07億元，恒生指數最後一個交易日收市為1,200.38點。

1985年

年初	香港期貨交易所有限公司獲政府批准開業。
1 月	和記黃埔以29.05億元向置地收購香港電燈34.6%股權。
5 月	中東阿拉伯銀行收購新鴻基銀行75%股權,後者易名為港基銀行。
	香港商品交易所改組為香港期貨交易所。
5月6日	期交所推出亞洲首隻指數期貨合約——恒生指數期貨合約。
6 月	港府接管海外信託銀行,1993年7月轉售予國浩集團。

是年,股票成交額升至754.49億元,恒生指數最後一個交易日收市為1,752.45點

1986年

3月27日	香港證券交易所、遠東交易所、金銀證券交易所及九龍證券交易所在收市後共同停止營業,正式合併為香港聯合交易所。
4月2日	香港聯合交易所正式投入運作,並通過電腦系統進行交易。
5月	恒生銀行收購永安銀行50.29%股權。
	香港立法局三讀通過1986年《銀行業條例》。
6月	中信收購嘉華銀行。
	新思想收購友聯銀行。
9月22日	香港聯合交易所獲國際證券交易所聯會接納為正式成員。

是年,股票成交額升至1,231.42億元,恒生指數最後一個交易日收市為2,568.30點。

1987年

3月	怡和宣布發行B股計劃。
7月15日	滙豐與香港政府金融事務科簽訂「新會計安排」。
9月	長實系4家上市公司宣布有史以來最龐大集資計劃，集資額高達103億元。
9月11日	恒生指數期貨成交量創下40147張的歷史紀錄。
10月1日	恒生指數收報3,949.73點，創下歷史新高。
10月19日	香港電話公司與香港大東電報局合併成香港電訊，同日，受外圍股市急跌影響，香港股市大瀉420.81點。
10月20日	聯交所管理層召開緊急會議，按《香港聯合交易所規則》賦予的權力，停市4天，期指市場面臨破產危機。
10月25日	期交所主席湛佑森及副主席李福兆辭職，空缺分別由地下鐵路公司主席李敦及助理證券專員霍禮義接任。
10月26日	恒生指數全日跌去1,120.70點，跌幅達33.33%。
10月	中銀與滙豐、渣打共同組成20億元的備用信貸，支援期貨交易所渡過期指危機。
11月16日	港府宣布成立證券業檢討委員會。
12月	滙豐銀行收購米特蘭銀行14.9%股權。

是年，股票成交額為3,714.19億元，恒生指數最後一個交易日收市為2,302.75點。

1988 年

1 月 2 日	廉政公署人員以《防止賄賂條例》第九條拘捕聯交所前主席李福兆、前行政總裁辛漢權及前上市部經理曾德雄。 聯交所委員會被政府勒令隔離,並將權力轉移給一個以余金城為主席的14人管理委員會,行政總裁一職由霍禮義接替。
1 月	銀行公會公布《利率及存款收費規則》,宣布將實施負利率制度。
6 月 2 日	《戴維森報告》——《證券業檢討委員會報告書》發表。
7 月 13 日	立法局三讀通過《1988年證券(公開權益)條例》,規定任何人士若持有上市公司10%或以上股份,即須公開其股份權益。
9 月	百富勤集團成立。
10 月 18 日	聯合交易所按修訂後的章程,順利產生首屆合共有22人的理事會,利國偉獲選為主席,馮永祥及關昌燿獲選為副主席,行政總裁由袁天凡出任。

是年,股票成交額為 1,994.80 億元,恒生指數最後一個交易日收市為 2,687.44 點。

1989年

1月底	聯交所及證券及期貨事務監察委員會共同發出諮詢文件，就回購股份立下嚴格指引。
3月	政府按《戴維森報告書》建議，成立香港中央結算有限公司。
5月1日	政府正式宣布成立證券及期貨事務監察委員會。
5月	聯交所發出規管上市公司遷冊指引。
5月底	受北京學生運動影響，恒生指數下跌至2743.87點。
6月5日	恒生指數從2,675.38點急挫至2,093.61點，跌幅達21.7%。
9月	美資證券所羅門兄弟首次將備兌認股權證這一投資工具引入香港。
12月	立法局通過《1989年證券（交易所上市）規則》。

是年，股票成交額為 2,991.46 億元，恒生指數最後一個交易日收市為 2,836.57 點。

1990 年

1 月	香港中信集團收購上市公司泰富發展，其後易名為中信泰富。
3 月	香港金融管理局首次推出為期 91 天的外滙基金票據。
10 月 18 日	李福兆受賄罪成，判入獄 4 年。
12 月	怡和附屬公司康樂投資有限公司違例回購股份。
12 月 17 日	滙豐銀行宣布結構重組，在英國成立控股公司。

是年，股票成交額為 2,887.14 億元，恒生指數年終收市為 3,024.55 點。

1991 年

1 月	中信泰富與李嘉誠、郭鶴年等聯手收購恒昌企業。
2 月	香港外滙基金管理局成立。
3 月	香港聯合交易所首次發表衍生認股證指引，將備兌證納入監管。
7 月初	中英兩國就新機場計劃達成諒解備忘錄。
7 月	「國商事件」爆發，受此影響，道亨、港基、萬國寶通、渣打等先後發生擠提。
10 月	聯交所委員大會一致表決通過改組方案，同時修訂組織章程，轉為非牟利機構。

是年，股票成交額為 3,341.03 億元，恒生指數最後一個交易日收市為 4,297.33 點。

1992 年

3月	滙豐控股發表聲明,表示將向米特蘭銀行提出合併建議,其後成功收購米特蘭銀行。
6月	港府設立流動基金調節機制。 香港中央結算有限公司推行中央結算系統。 聯交所管理層貪污受賄案審結,8名被告罪名不成立,當庭釋放。
7月15日	招商局將其全資附屬企業海虹集團,以發行新股方式在香港公開上市,成為首家在中國內地以外交易所通過公開發行股票上市的中資企業。
8月	港府下令調查以聯合集團為首的10家上市公司。
9月7日	怡和集團將第一上市地位移往倫敦,香港則降作第二上市地位。
10月初	聯交所公布9家國企股計劃來港上市。
10月中	中方公開反對英方建議動用土地基金注資新機場計劃。
10月底	港澳辦主任魯平批評政改方案「三違反」後,股市急跌。
11月初	因中資大量湧入,股市掉頭攀升。
11月6日	華潤集團宣布斥資1.74億元購入華人銀行15%的股權。
11月12日	恒生指數升至6,447.11點歷史高位。
11月30日	新華社發表聲明,表示中方不會承認英方單方面簽署而跨越1997年的任何合約,主要針對彭定康政改方案。
12月1日	恒生指數急挫308.92點。

是年,股票成交額為 7,005.80 億元,恒生指數最後一個交易日收市則為 5,512.39 點。

1993年

1月14日　恒生指數單日急升200多點。

3月　　　香港期交所推出恒生指數期權。

4月　　　香港金融管理局成立。

6月　　　香港聯合交易所、中國證券監督管理委員會、香港證
　　　　監會、上海和深圳證券交易所的代表，在北京簽署監
　　　　管合作備忘錄，正式打通國企在香港上市之路。

7月15日　青島啤酒在香港掛牌上市，成為首家在香港發行H股
　　　　的中國企業。

9月12日　郭鶴年收購《南華早報》34.9%的股權，成為單一最
　　　　大股東。

10月6日　彭定康發表第二份《施政報告》，重申政改方案的立
　　　　場。該月，由於外資不斷湧入，恒指屢創新高。

11月底　　中英雙方互罵，股市急跌。

12月15日　中國外交部表示，1997年的「直通車」方案將無法達
　　　　成。同月，股市在外資湧入的情況下，升穿10,000點
　　　　的關口。

是年，股票成交額為12,226.80億元，恒生指數最後一個
交易日收市為11,888.39點。

1994年

3月23日　　怡和集團宣布自12月31日起，終止其集團在香港的第二上市地位。恒生指數反覆滑落至9,029.91點。

5月2日　　中國銀行發行港幣鈔票，成為香港第三家發鈔銀行。

5月4日　　受怡和集團淡出香港影響，恒生指數進一步回落至8,369.44點。

7月8日　　恒生指數服務公司推出「恒生中國企業指數」，基點為1,000。

9月9日　　受中國經濟重拾升軌的刺激，恒生指數重上10,000點水平。

10月　　　股市淡風又起，指數反覆回落至7,707.78點。

12月　　　香港金融管理局參考巴塞爾委員會和30人小組的建議，首次制定關於金融衍生工具的風險管理指引。

是年，股票成交額為11,374.10億元，恒生指數最後一個交易日收市為8,191.04點。

1995年

1月13日　　恒指進一步滑落至7,252.34點。

3月　　　　香港期交所推出上市股票期貨。

3月28日　　受中外資金湧入帶動，指數升上8,827.93點。

5月　　　　香港銀行同業結算有限公司成立。

9月　　　　香港期交所推出上市股票期權。

10月　　　外交部長錢其琛訪英，就香港問題與英國達成4項共識。

是年，股票成交額為8,268億元，恒生指數最後一個交易日收市為10,073.39點。

1996年

1月25日　　聯交所的自動對盤系統正式投入服務。

4月底　　　中信泰富增持國泰航空股權。

9月11日　　香港特別行政區選舉委員會推舉董建華為香港特別行政區的首任行政長官。

9月27日　　中英兩國再就主權移交儀式達成協議。

12月　　　香港金融管理局建立即時支付結算系統。

是年，股票成交額為14,144.4億元，恒生指數最後一個交易日收市為13,451.45點。

1997年

2月19日	北京宣布鄧小平因病去世。
3月	香港按揭證券有限公司成立。
6月6日	香港電訊宣布，大東電報局以每股14.25元出讓5.5%香港電訊權益予中國電信。
7月1日	中華人民共和國政府舉行香港特別行政區成立暨特區政府宣誓就職儀式。
7月2日	泰銖遭對沖基金狙擊，亞洲金融風暴驟起。
8月7日	恒生指數攀上16,673.27點的歷史高位。
9月	香港期交所推出香港中資企業指數（紅籌）期貨、期權。
10月20日	對沖基金狙擊港元，扯高香港銀行同業拆息，港股急挫。
10月23日	香港銀行同業拆息攀上280厘的歷史性高位。
10月27及28日	恒生指數在兩日內跌2,084.45點，跌穿10,000點。特區政府堅持港元滙率不變。
11月12日	受利息高企及對沖基金的不斷衝擊，指數下跌至9,607.91點。
12月22日	傳聞對沖基金無功而還，港股略為回升至1,0172.47點。

是年，股票成交額為37,889.6億元，恒生指數最後一個交易日收市為10,722.76點。

1998 年

1 月 10 日	百富勤集團——當時香港最大的華資證券公司清盤倒閉。
6 月 22 日	港府宣布存放在認可機構的公司存款所得利息收入可免繳利得稅。
8 月 13 日	恒生指數下挫至 6,660 點，是 5 年來的最低點。
8 月 14 日	香港政府入市干預，金管局捍衛聯繫滙率，以維持市場穩定。
9 月 7 日	流動資金調節機制改為貼現窗，取消流動資金調節機制接入利率，拆出利率則以基本利率代替。

是年，股票成交額為 17,011.12 億元，恒生指數最後一個交易日收市為 10,048.58 點。

1999 年

4 月 1 日	金管局宣布推行 3 項改進香港貨幣發行局制度的措施。
5 月 28 日	金管局修訂《貨款、墊款及準備金分析季報表》。
8 月 16 日	外滙基金債券在聯交所上市。
11 月	香港聯交所推出創業板。
12 月 13 日	香港期交所接受外滙基金票據作為買賣股票期權及期貨的抵押品。

是年，股票成交額為 19,195.45 億元，恒生指數最後一個交易日收市為 16,962.10 點。

2000 年

5月31日	美國納斯特證券市場7家公司的股票在香港掛牌上市。
6月27日	聯交所、期交所、結算公司合併為香港交易及結算所。
7月1日	香港金融管理局撤銷「利率協定」中7天以下定期存款利率的上限。
10月	國際金融公司及國際復興開發銀行在香港開設聯合區域辦事處，負責國際金融公司在區內的所有投資。

是年，股票成交額為 31,318.52 億元，恒生指數最後一個交易日收市為 15,095.53 點。

2001 年

1月1日	國際貨幣基金組織香港分處正式啟用。
7月3日	金管局撤銷利率限制的最後階段，銀行可以自由規定各類存款利率，支票戶口不准計息的限制也同時取消。
9月12日	金管局與業界設立美元即時結算系統。
12月17日	金管局與業界設立歐羅即時支付結算系統。

是年，股票成交額為 19,895.04 億元，恒生指數最後一個交易日收市為 11,397.21 點。

2002 年

3 月	立法會通過《證券及期貨條例》。
5 月	政府通過金管局有放寬部分進入銀行業市場準則的建議。
5 月 2 日	證監會發表《對沖基金指導》，為金融機構在香港向公眾銷售對沖基金奠定基礎。
9 月	政府發行全新設計的 10 元紙幣。

是年，股票成交額為 16,430.54 億元，恒生指數最後一個交易日收市為 9,321.29 點。

2003 年

3 月至 6 月	爆發非典型肺炎 (沙士) 疫症。
4 月 1 日	《證券及期貨條例》開始實施，使香港金融監管構架向國際標準看齊。
4 月 1 日	港交所取消最低佣金制。
5 月 31 日	成立個人信貸資料庫。
7 月	香港《房地產投資信託基金守則》公開發布。
11 月 25 日	香港第一家房地產信託基金「領滙房地產投資信託基金」正式在香港聯交所掛牌上市。

是年，股票成交額為 25,838.29 億元，恒生指數最後一個交易日收市為 12,575.94 點。

2004 年

2 月　　　　　香港30多間銀行推出人民幣存款、兌換、滙款及銀行
　　　　　　　卡服務。
5 月 5 日　　　立法會通過《存款保障計劃條例》，加強香港的存款保
　　　　　　　障。
7 月 2 日　　　立法會通過《結算及交收系統條例》。
10 月 11 日　　3 間發鈔銀行新增面額20元、50元及1,000元的新鈔
　　　　　　　系列，推出市面。
12 月 6 日　　　金管局宣布港元已納入持續結算及交收系統。

是年，股票成交額為 39,741.12 億元，恒生指數最後一個
交易日收市為 14,230.14 點。

2005 年

5 月 18 日　　　金管局宣布推出 3 項優化聯繫滙率制度運作的措施。
7 月 6 日　　　立法會通過《2005 年銀行業條例》。
7 月 21 日　　　中國人民銀行宣布改革人民幣滙率形成機制。
12 月 8 日　　　金管局宣布推出綜合利率。

是年，股票成交額為 45,204.32 億元，恒生指數最後一個
交易日收市為 14,876.43 點。

2006 年

1 月23 日	財資市場公會成立。
3 月23 日	金管局提出了一項有五個方向的金融發展策略。
9 月4 日	香港銀行業推行每周5 天結算。
9 月25 日	政府推出存款保險制。
12 月14 日	金管局及8 間香港的信用卡和扣賬卡計劃營運機構宣布推出《支付卡計劃營運機構實務守則》。

是年，股票成交額為 83,763.11 億元，恒生指數最後一個交易日收市為 19,964.72 點。

2007 年

1 月	內地金融機構獲准可以在香港發行人民幣債券。
8 月	恒生指數和股市交投量在短暫下挫後屢創新高。
8 月至12 月	美國次按危機使美元轉弱，人民幣升值等因素為香港通脹帶來上調壓力，但本港金融系統仍穩健發展。
10 月	《施政報告》公布發展人民幣市場等建立多元化金融市場的措施。
10 月13 日	國務院總理溫家寶宣布港股直通車業務暫停。

是年，股票成交額為 216,655.30 億元，恒生指數最後一個交易日收市為 27,812.65 點。

2008 年

1 月 22 日　　受美國次按危機影響，恒生指數自 2007 年 10 月 30 日
　　　　　　　最高位持續下挫，收報 21,757.63，跌 2,061.23 點，
　　　　　　　為歷來最大單日點數跌幅（以點數計）。

9 月 15 日　　雷曼兄弟因美國政府拒絕注資倒閉，觸發環球金融海
　　　　　　　嘯，各國股市骨牌式下挫，恒生指數翌日（16 日）挫
　　　　　　　1,052.29 點，報 18,300.61 點的兩年低位。雷曼倒閉
　　　　　　　事件還引發大規模相關迷你債券投資者索償潮。

9 月 18 日　　美國、歐洲等六大央行注資 2.56 萬億美元救市。

10 月 13 日　　立法會成立小組徹查雷曼迷債風波，11 月 12 日通過
　　　　　　　讓小組引用特權法進行調查。

10 月 14 日　　香港政府動用外滙基金，向本港全部可接受存款機構
　　　　　　　的港元及外幣存款提供 100% 擔保。

10 月 27 日　　恒生指數最低跌至 10,676.29 點，為 2004 年 5 月以來
　　　　　　　新低。樓市也從高位急跌，部分樓盤返回 2003 年沙
　　　　　　　士價。

11 月 9 日　　中國宣布大規模的刺激經濟方案，包括在兩年內投資
　　　　　　　4 萬億元人民幣，並推出十大措施，從不同方面擴大
　　　　　　　內部需求。

是年，股票成交額為 176,528 億元；恒生指數最後一個交
易日收市為 14,387.48 點。

2009年

3月9日	美股道瓊斯跌至金融海嘯以來的最低位6,516點；恒生指數跟隨區內其他股票市場急跌至11,345點，為2009年以來最低。
4月9日	國務院正式通過開展跨境貿易人民幣結算試點政策。
5月19日	財政司司長曾俊華宣布，金管局總裁任志剛將於10月1日離任。
7月6日	人民幣貿易結算試點業務開始運作，香港企業與內地試點地區的試點企業可以用人民幣進行貿易結算。
7月17日	財政司司長曾俊華宣布委任陳德霖為下任金管局總裁。
7月22日	證監會、金管局及16間分銷銀行達成向合資格客戶提出回購雷曼兄弟迷你債券的協議。
9月28日	中央政府在香港發行總值 60億元的人民幣國債。
12月16日	標準普爾將希臘國家信用等級從A-下降一級為BBB+，引發歐羅拋售，並帶動一連串歐洲國家評級下降，觸發歐洲主權債務危機。

是年，股票成交額為151,152.49億元；恒生指數最後一個交易日收市為21,872.50點。

2010年

2月5日	受到歐羅區債務信貸危機影響，全球爆發大股災，歐、美、亞洲股市均重創，葡萄牙、西班牙股市大跌逾5%，亞洲股市跌幅超過3%。
4月27日	標準普爾將希臘長期主權信用評級降至垃圾級，對葡萄牙的評級連降兩級至A-。
5月2日	歐羅區政府與國際貨幣基金組織聯手，提供1,100億歐羅緊急貸款予希臘。

是年，股票成交額為172,100.78億元，恒生指數最後一個交易日收市為23,035.45點。

2011 年

3月16日	國家公布「十二五規劃」，明確支持香港發展成為離岸人民幣業務中心。
8月9日	200億人民幣國債在香港發行，錄得3倍超額認購。
8月17日	國務院副總理李克強訪港，公布一系列進一步支持香港發展成為離岸人民幣業務中心措施，並將人民幣跨境貿易的結算範圍擴大至全國。

是年，股票成交額為171,540.74億元；恒生指數最後一個交易日收市為18,434.39點。

2012 年

6月14日	金管局推出跨境抵押品管理平台及服務，海外金融機構可以其證券作抵押品，來港借取人民幣。
6月14日	財政部宣布，中央政府將在香港發行總值230億元人民幣國債。
10月25日	人民幣兌美元首次在滙率波幅擴大至1%後，升至停板。

是年，股票成交額為133,010.50億元；恒生指數最後一個交易日收市為22,656.92點。

附錄二：

參考書目

陳爽主編，王永編審：《人民幣啟航——香港發展人民幣離岸中心的契機》，香港中國金融協會著；「信報系列」，天窗出版社，2012年。

《研究雷曼兄弟相關迷你債券及結構性金融產品所引起的事宜小組委員會報告》2012年6月6日

《信報財經新聞》（1973-2007）

《信報財經月刊》（1977-2007）

香港證券及期貨事務監察委員會年報

《香港金融管理局年報》（1998-2006），香港金融管理局編。

鄭宏泰、黃紹倫著：《香港股史》，三聯書店(香港)有限公司，2006年。

《香港金融十年》，中國金融出版社，2007年6月。

馮邦彥：《香港金融業百年》，東方出版社，2007年1月。

郭國燦：《回歸十年的香港經濟》，2007年。

Shiller, Robert J., *Finance and the Good Society*, Princeton University Press, 2011

Stiglitz, Joseph E., *The Price of Inequality: How Today's Divided Society Endangers Our Future*, W. W. Norton, 2012

Goodstadt, Leo F., *Uneasy Partners: The Conflict Between Public Interest and Private Profit in Hong Kong*, Hong Kong University Press, 2005

Fell, Robert, Crisis and Change. *The Maturing of Hong Kong Financial Markets*, Hong Kong: Longman, 1992

Latter, Tony, "Who or What Determines Monetary Policy in Hong Kong?" *Hong Kong Monetary Authority Quarterly Bulletin*, Issue No. 31, May 2002, 56-60

Yam, Joseph, "Central Banking and Monetary Policy in Hong Kong", in Hong Kong Monetary Authority, *The Practice of Central Banking in Hong Kong*, Hong Kong: Hong Kong Monetary Authority, 1994

Haddon-Cave, Philip, "Introduction. The Making of Some Aspects of Public Policy in Hong Kong", in David Lethbridge (ed.), *The Business Environment in Hong Kong*, Hong Kong: Oxford University Press, 1980

Zheng, Victor et al., "From a Free Economy to an Interventionist Society. The Crisis of Governance in Hong Kong", in Lau Siu-kai et al. (eds), *Indicators of Social Development: Hong Kong 1999*, Hong Kong: Hong Kong Institute of Asia-Pacific Studies, 2001

City of London有關金融中心調查：
http://www.cityoflondon.gov.uk

麥肯錫報告有關紐約及其他金融中心的比較報告：
http://www.mckinseyquarterly.com/PDFDownload.
aspx?L2=7&L3=8&ar=2100

IMD有關全球競爭力的報告：
IMD The World Competitiveness Scoreboard 2007
http://www.imd.ch/research/publications/wcy/upload/
scoreboard.pdf

IMD World Competitiveness Yearbook 2007
http://www.imd.ch/research/publications/wcy/upload/
PressRelease.pdf

IMD World Competitiveness Yearbook 2013
http://www.imd.org/news/World-Competitiveness-2013.cfm

鳴謝：

金管局前總裁任志剛

港交所前主席李業廣

前立法會工程界議員何鍾泰

港交所前行政總裁周文耀

景順集團首席經濟師祈連活

前立法會金融服務界議員胡經昌

聯交所前行政總裁袁天凡

DBS 唯高達證券董事張天生

投資銀行家梁伯韜

前立法會金融服務界議員詹培忠

港交所前主席鄭維健

香港歷史博物館名譽顧問鄭寶鴻

中央政策組前首席顧問顧汝德

香港交易及結算所有限公司

（排名按筆劃序）

香港金融風雲40載

主編	陳景祥
撰述	羅偉球、李潤茵、姜珮婷
責任編輯	吳慕兒
文稿校對	陳竹平
攝影	何澤、黃俊耀、黃潤根
資料/相片	信報資料室
	香港交易及結算所有限公司
	香港政府新聞處圖片資料室
	南華早報
	彭博圖片
	鄭寶鴻先生
書籍設計	LOL Design Ltd.
統籌	信報業務拓展部
出版	信報財經新聞有限公司 Hong Kong Economic Journal Co., Ltd.
	天窗出版社有限公司 Enrich Publishing Ltd.
發行	天窗出版社有限公司 Enrich Publishing Ltd.
	九龍觀塘鴻圖道71號瀝洋工業大廈2樓
電話	(852) 2793 5678
傳真	(852) 2793 5030
網址	www.enrichculture.com
電郵	info@ enrichculture.com
出版日期	2013年7月初版
承印	長城印刷有限公司
	香港柴豐業街10號業昌中心3字樓
定價	港幣$238　　新台幣$1000
國際書號	978-988-16808-8-4
圖書分類	(1) 金融投資　　(2) 香港經濟

作者及出版社已盡力確保所刊載的資料正確無誤，惟資料只供參考用途。對於任何援引資料作出投資而引致的損失，作者及出版社概不負責。

支持環保　此書紙張經無氯漂白及以北歐再生林木纖維製造，並採用環保油墨